智能化城市管理
新数据、新技术与人机协同决策

Intelligent Urban Management
New Data, New Technologies and Human-Machine
Collaborative Decision-Making

刘伦 著

北 京

版权所有，侵权必究。举报：010-62782989，beiqinquan@tup.tsinghua.edu.cn。

图书在版编目（CIP）数据

智能化城市管理：新数据、新技术与人机协同决策 / 刘伦著.— 北京：清华大学出版社，2023.12

ISBN 978-7-302-64945-8

Ⅰ.①智⋯　Ⅱ.①刘⋯　Ⅲ.①城市现代化—研究　Ⅳ.①F291

中国国家版本馆CIP数据核字（2023）第232850号

审图号：GS京（2024）0152号

责任编辑：张占奎
封面设计：陈国熙
责任校对：欧　洋
责任印制：曹婉颖

出版发行：清华大学出版社
　　　　网　　址：https://www.tup.com.cn, https://www.wqxuetang.com
　　　　地　　址：北京清华大学学研大厦A座　　邮　编：100084
　　　　社 总 机：010-83470000　　邮　购：010-62786544
　　　　投稿与读者服务：010-62776969, c-service@tup.tsinghua.edu.cn
　　　　质量反馈：010-62772015, zhiliang@tup.tsinghua.edu.cn
印 装 者：涿州汇美亿浓印刷有限公司
经　　销：全国新华书店
开　　本：165mm×238mm　　印　张：12.25　　字　数：204千字
版　　次：2023年12月第1版　　印　次：2023年12月第1次印刷
定　　价：78.00元

产品编号：080229-01

前言

随着全球人口向城市持续聚集，现代城市在很大程度上遭受着交通拥堵、环境污染、资源紧缺等问题的困扰，在近百年来的现代城市治理探索中，人们不断尝试从各类最新的社会科学思想与工程技术进步中探寻城市问题的解决思路。近年来，以"智慧城市""城市大数据"等热门词汇为代表的一类城市管理技术受到了学界与业界的大量关注与讨论，这类技术试图借助各种新方法、新数据更充分地洞悉城市运行态势与发展规律，并在此基础上更"智慧""智能"地调控、优化城市系统内的各类资源配置，逐渐成为城市管理领域一项不可忽视的发展趋势。这一趋势的形成和兴起源于当代社会与科技发展中多种因素的驱动。首先，21世纪以来，随着信息通信技术的提高与大规模普及以及现代生产生活的广泛电子化，人群活动、事务往来、意见表达等城市系统中越来越多的活动与事件都开始产生数据并被记录。这类数据资源率先在商业领域被开发利用，继而引起城市管理者的关注。以这类具有认知冲击力的海量数据为出发点，新的城市数据挖掘方法不断涌现。其次，计算机软、硬件水平的提高使相关技术在实际场景中的应用潜力大为增加，如人工智能算法的发展使图像、语音识别技术在2010年以后明显提高，催生了大量新的应用场景；硬件基础设施的提升也使信息传输与反馈速度得以满足更多场景需要。相关进步在互联网、商业、金融等领域引发的生产生活方式转变使人们不禁思考，相对传统的城市管理工作可以怎样从这一科技趋势中受益。笔者从2013年攻读博士开始，有幸参与到这一次的"智能化"城市管理研究热潮中，本书作为笔者近年来工作与思考的总结，试图透过纷繁的研究与实践案例梳理出智能化城市管理的框架体系，为有兴趣了解这一领域的读者提供参考。

事实上，通过引入新技术提升城市管理的效率与水平，使之更加"智能化"的探索由来已久。早在20世纪80年代，国内已出现大量城市模型的开发与应用实践，城市模型借助计算机的强大运算能力实现人脑一般无法完成的复杂迭代分析，从而模拟城市运行规律、预测城市发展趋势并为管理决策提供依据。20世纪90年代初，人工智能领域的"专家系统"技术也曾被应用于城市管理，出现了若干针对特定问题的智能化决策辅助系统。此外，"智能城市"概念在20世纪90年代被正式提出，与其先后出现的"连线城市""数字城市""信息城市""电子治理"等理念大多也蕴含了"互联""信息""智能"等相关思想。可以说，随着城市系统的复杂化与技术的发展，智能化城市管理的理论与技术内涵也在不断丰富。那么，在当前发展阶段，智能化城市管理包含哪些内容、形成了怎样的体系、面临哪些挑战，本书将针对这些问题展开探讨。

为回答上述问题，本书提出了基于机器智能[①]-人类智能协作的智能化城市管理框架体系。在这一框架中，机器智能体现为信息感知与挖掘、系统模拟与优化以及人工智能算法增强三个主要板块，而人类智能主要在价值选择、利益协商、模糊经验判断等环节发挥作用。通过高频交流与信息反馈，二者相互协同、取长补短，共同完成城市管理工作。首先，这一框架强调人机协同——城市管理智能化并不意味着以算法代替管理者决策，而是利用机器的信息采集与计算能力生产出大量辅助人类决策的信息与知识，提升人机互动频率与深度，形成人机协同互补的增强型智能系统，共同提高城市管理决策水平。其次，本书根据问题对象层面从认知现状到预判未来的演进和方法技术层面机器智能水平的差异将智能化城市管理相关技术划分为三个主要板块：信息感知与挖掘、系统模拟与优化以及人工智能算法增强。信息感知与挖掘指通过各类手段对反映城市系统运行状况的各类信息进行收集，感知城市人、地、事、物的真实状态，并在采集获取信息的基础上，以适当的技术方法进一步分析、挖掘数据，实现从原始数据到有效信息的提炼。在信息感知与挖掘的基础上，可基于已识别的城市运行规律构建城市模型，模拟城市巨系统内的复杂行为与互动，并对城市管理政策的可能影响进行预判与优化，拓展人脑对未来情形进行推演与判断的能力范畴。对这两个板块而言，人工智能算法凭借其强大的数据建模能力，可在其中发挥算法增强作用，提升上述过程的机器智能水平与决策支持能力。

伴随着相关概念在全世界流行，可纳入智能化城市管理范畴的研究与实践在国内外涌现。本书希望通过上述框架体系的搭建厘清当前阶段各类研究实践的内在逻辑与相互联系。由于具体案例的呈现对理解智能

---

① 在计算机领域，机器智能（machine intelligence）经常被作为人工智能（artificial intelligence）的近义词使用。在本书中，机器智能的含义更为宽泛，指由机器产生出对人类智能思维有意义的信息，与人类智能互动协作并共同作用于政策制定。

化城市管理体系也尤为重要，因此，本书分为上、下两篇：上篇为理论方法篇，按上述三个板块分别进行理论与方法阐释；下篇为研究案例篇，针对三个板块分别选择一或两项笔者与合作者曾开展的研究，展示相关方法的实现过程。对信息感知与挖掘板块，笔者选取了挖掘城市人群活动规律的案例，提出了一种基于人群活动大数据的时间特征分析方法，可以为城市公共服务的供给等问题提供支撑；对系统模拟与优化板块，笔者分别选取了北京市民出行模拟与城市疫情防控策略优化两个案例，分别侧重于模拟与优化两个子环节（其中第一个案例模拟了市民一日活动与出行模型，可用于预测城市建设、功能布局等对城市交通的影响；第二个案例面向新冠疫情防控，提供了疫情防控分区的优化算法）；对人工智能算法增强板块，笔者选取了基于人工智能图像识别的城市空间品质评估研究，可实现传统方法所难以实现的城市空间品质大规模、精细化评估。

如前文所提到，"智能"地开展城市管理工作、提升城市生活品质是人们的长期愿景与探索方向。21世纪是人类的第一个"城市世纪"[①]，全球城市人口将继续增加，随之而提高的城市系统复杂度将使人们更加寄希望于智能化技术，以应对管理运转巨型城市系统的挑战。可以预见，在城市管理智能化的长期进程中，人们会经历创意勃发的高潮也会经历徘徊不前的低谷，其中涉及的理论方法也会随相关学科的拓展而逐渐更迭，但令城市生活更美好的努力不会停止。

本文撰写也得到了国家自然科学基金的资助（资助号：52008005），特此感谢。

刘伦
2023年6月

---

① 指全球城市人口占比开始超过50%。

目　录

上篇　理论方法

第1章　新环境下的城市管理 ························· 2
 1.1　新问题与新方法 ································ 2
 1.2　新技术方法影响下的转型趋势 ················· 6
 1.3　我国城市发展的转型 ··························· 10
 参考文献 ··· 12

第2章　智能化城市管理的内涵与框架 ············· 14
 2.1　智能化城市管理内涵辨析 ····················· 14
 2.2　多学科理论方法基础 ··························· 18
 2.3　系统技术框架 ··································· 23
 2.4　管理决策模式：人机协同决策 ················ 27
 参考文献 ··· 30

第3章　信息的感知与挖掘 ·························· 32
 3.1　大数据：当代城市管理的重要信息来源 ······ 33
 3.2　感知挖掘的应用领域 ··························· 39
 3.3　讨论：感知的可能与限度 ····················· 55
 参考文献 ··· 57

第4章　系统模拟与优化 ···························· 60
 4.1　城市模型的早期发展 ··························· 60
 4.2　当今城市模型研究的进展与应用 ·············· 64
 4.3　讨论：实践挑战——模型思维与管理思维 ···· 71
 参考文献 ··· 73

第 5 章　人工智能应用 ················· 75

5.1　人工智能的概念与技术发展 ················· 75
5.2　人工智能增强的城市管理 ················· 80
5.3　以计算机视觉为例的城市感知增强 ················· 83
5.4　讨论：弱人工智能与通用人工智能 ················· 93
参考文献 ················· 94

下篇　研究案例

第 6 章　信息感知与挖掘案例：城市人群活动规律挖掘 ················· 102

6.1　研究背景 ················· 102
6.2　相关研究回顾 ················· 103
6.3　感知挖掘的方法 ················· 105
6.4　感知挖掘结果 ················· 108
6.5　总结与政策建议 ················· 114
参考文献 ················· 115

第 7 章　系统模拟与优化案例（一）：城市环境与交通出行模拟 ················· 117

7.1　研究背景 ················· 117
7.2　建模方法 ················· 120
7.3　BEATIM 模型概览 ················· 127
7.4　子模型系统 ················· 133
7.5　总结与政策建议 ················· 142
参考文献 ················· 143

第 8 章　系统模拟与优化案例（二）：城市疫情防控策略的优化 ················· 147

8.1　研究背景 ················· 147
8.2　相关研究回顾 ················· 148
8.3　方法与数据 ················· 149
8.4　方法应用 ················· 153
8.5　总结与政策建议 ················· 158
参考文献 ················· 159

第9章　人工智能应用案例：城市空间品质评估　160

9.1　研究背景　160

9.2　相关研究回顾　162

9.3　计算机视觉模型建构　163

9.4　评估结果　168

9.5　总结与政策建议　173

参考文献　175

第10章　城市、机器与人：人本的城市智能　177

10.1　量化与不可量化　180

10.2　数据的偏差与不平等　181

10.3　技术与价值观　182

10.4　优化与克制　183

参考文献　184

上篇
理论方法

第 1 章　新环境下的城市管理

1.1　新问题与新方法

1.1.1　城市系统复杂性的提升

20 世纪以来，全球城市人口持续增长。据世界银行统计，1960 年至 2020 年，全球城市人口由 10.1 亿增长至 43.6 亿（图 1-1），占总人口比例由 33.6% 增长至 56%[1-2]（图 1-2）。与之相应，世界各地的城市规模也在不断扩大。据抽样统计，1970 年至 2000 年，除北美洲、欧洲、大洋洲以外，全球城市占地面积年均增长率基本在 4% 以上。其中，我国城市占地面积增长最快，沿海地区年均增长率甚至可达 13.3%[3-5]。

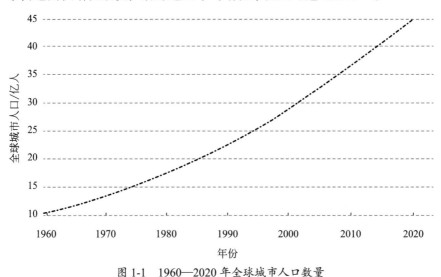

图 1-1　1960—2020 年全球城市人口数量

（数据来源：参考文献 [1]）

伴随着城市规模的增长以及生产技术和生活方式的变迁，城市系统的复杂度越来越高。现代城市已成为由物理空间、人类社会空间和网络空间构成的三元系统[6]。早在 20 世纪 60 年代，克里斯托弗·亚历山大在文章《城市不是树》中就曾提出，城市系统并非简单的"树型结构"——"树型结构"的各个组成部分之间往往相互独立没有重叠——而城市系统

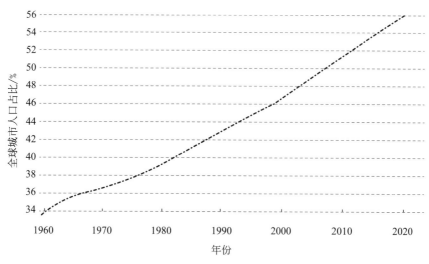

图 1-2　1960—2020 年城市人口占总人口比例

（数据来源：参考文献 [2]）

是组成部分之间相互交叉重叠和关联的"半网格结构"[7]（图 1-3）。由于这些复杂的关系，"一个基于 20 个元素的树型结构最多包含 19 个子集，然而同样基于 20 个元素的半网格结构可以包含超过 1 000 000 个不同的子集"[7]。现在研究者们已经广泛认同城市是复杂系统的观点——"城市是涌现的、远离均衡，需要巨大的能量维持自身，呈现出由于集聚和对空间的激烈竞争而催生的不平衡的空间模式，以及看似几乎不可持续但实则弹性十足的动态网络"[8-9]。城市的复杂性意味着不能对城市系统使用单纯"自上而下"的、机器式的管理控制思维，"在简单系统中形成的直觉和判断在处理复杂系统问题时常常会导向错误的方案"[10]。

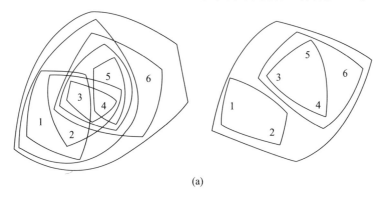

图 1-3　半网格结构与树型结构

（a）半网格结构；（b）树型结构

（来源：参考文献 [7]）

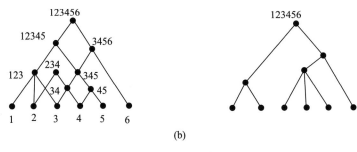

图 1-3（续）

复杂系统是不确定的、非必然的,过去世界上大多数城市的管理体系都以确定性的决策思维为基础,但城市运行发展的现实进程通常会偏离最初设定的目标,需要管理者不断对原先计划做出调整[11]。特别是在当前科技发展加速、生产生活合作性加强的背景下,城市系统中人、地、事、物的联系度越来越高,亚历山大提出的半网格结构正在产生更多重叠与复杂联系。正所谓"风起于青萍之末,浪成于微澜之间",城市管理必须基于对城市系统内各因素的互动、演化、反馈等内在逻辑的深刻理解。虽然这在实践中并非易事,但当前不少城市的发展经历与面临的形势已经表明,城市管理者必须在新形势下不断认识城市系统中的复杂特性。

1.1.2 多源新型数据的涌现

对高度复杂的城市系统而言,表征、反馈其运行状况的各类数据是城市规划与管理者掌握并优化城市系统的重要依据。著名城市研究者约翰·弗里德曼就曾提到,"数据是最有说服力的工具之一"[12]。过去,城市相关的数据来源主要为各政府部门所掌握的统计数据以及各类调研数据,而近年来,随着信息通信技术的发展,网络和各类信息采集设备产生的海量数据正反映出城市与区域运行方方面面的信息,包括各类网络平台(如社交网站、搜索引擎、生活服务网站)、智能终端(如手机、车载 GPS、电子公交卡)、传感器(如空气质量检测站)等,为深入准确地把握城市发展脉络提供了大量新的数据信息,形成了切入视角。

这些新型数据很多可被归入近十年来备受关注的"大数据"的范畴。据统计,社交网站推特每分钟会发布 10 万条推文,谷歌搜索用户每分钟执行 200 万次搜索,全世界每天产生 2.5 艾字节(EB,2^{60})数据,每两天产生的数据量就与人类文明发展至 2003 年产生的总数据量相等[13]。大数据与传统数据的差异主要体现为 3V 特征,即大容量(volume)、高速度(velocity)与多样性(variety)[14]。具体而言,大容量是指其数据量巨大，往往达到太字节（TB，2^{40}）甚至拍字节（PB，2^{50}）级别；高速度是指其生成与更新速度快；多样性是指其类型与来源多样。大数据的概念从大约2010年开始从通信、计算机等工程技术领域被引入社会经济领域，到目前（2022年）已有十几年时间，已经从最初的新鲜事物变为被公共、私人机构广泛了解与运用的常见技术。

在大容量、高速度与多样性的基础上，与传统数据相比，以大数据为代表的各类新型数据主要体现出精度高（以单个的人或设施为数据采集单元）、覆盖广（不受行政区域限制）、更新快（每天，甚至每分、每秒更新）等优势。虽然新型数据也存在片段化、样本偏差等问题[15]，但其蕴含的有关城市内人流、物流、信息流的丰富内容可为提高城市规划与管理的科学性和有效性提供新的可能。例如，手机定位数据以高空间精度、高更新频率记录了城市中的人流移动，既可用于分析城市内部功能结构与经济、社会运行状态，也可用于分析城市、区域之间的人群往来与互动；社交网站的文字信息可被应用于舆情分析，充分了解公众意愿，同时也可促进城市管理中的公众参与。新型数据的上述特征与应用可能性与新型城镇化时期"以人为本""注重质量提高"等发展思想不谋而合，构成了促进城市管理转型的有利因素，这将在下文详细论述。

1.1.3 跨学科方法的拓展

由于城市问题的复杂性和综合性，城市管理的科学与实践在发展过程中始终在不断吸收其他相关学科的理论与方法，并受到更大背景中技术进步、社会思潮的推动。在20世纪早期的西方城市发展过程中，现代化进程和工业化成就催生了以柯布西耶"光辉城市"思想为代表的一系列乌托邦式城市建设管理思想，其试图以运行大型机器的方式规划并运作管理城市，以效率最大化为目标，这种思想与方法充满机器式的清晰、简洁与秩序[16]。

而到20世纪60年代，这种乌托邦式的技术主义思想由于缺乏对城市真实生活的理解而受到了大量批判，以简·雅各布斯的著作《美国大城市的死与生》为代表[17]。由此，社会学与政治学的视角与工作方法被更多地引入到城市规划与管理中，人们开始认识到城市规划与管理是一项社会管理活动，其有关价值判断的内容应有公众参与，并进行充分的社会讨论[16]。一些新的相关学位项目开始在一些高校的社会学院下设立，如美国的芝加哥大学、北卡罗来纳大学等[18]。

与此同时，来自运筹学、系统论等技术领域的系统性思想也被引入城市管理领域，城市和区域开始被看作类似生命有机体的功能整体[16]。"各种城市现象的发生机制是怎样的""一项局部变化将会引起其他局部和整体怎样的变化"这样的问题开始进入城市管理者的视野，让他们开始思考。就更广泛的科学背景而言，系统理论的兴起受到了统计学、数学等相关基础学科的推动，并受到"现代主义"心理的影响——也就是坚信人们有能力在科学认识世界的基础上改善生存质量的乐观心态[16]。此外，这一时期西方国家汽车的普及凸显了交通问题，提升了对土地和交通系统互动性的研究需求，也促进了系统科学在城市管理领域的应用[16]。同一时期，和城市问题关系密切的地理学之发展也受到了系统理论的推动，并伴随20世纪60年代的地理学"计量革命"，一并为城市管理贡献了若干具有操作性的分析方法[19]。

到20世纪80至90年代，西方城市管理实践中私人企业、地方政府、市民等利益相关方的激烈博弈使人们开始引入政治经济学的思想以理解城市问题，将城市管理活动置于资本主义社会和政府角色环境中进行论述和解释[16]，大卫·哈维的新马克思主义政治经济思想是这一思潮的代表[20]。同时，计算机和互联网技术的不断进步带来了两方面影响：一方面，计算能力的提高提升了人们对城市系统进行运算模拟的能力，综合计算机科学、经济学、地理学、数学的城市模型作为一种决策支持工具进入了开发和应用的高潮[21]；另一方面，"计算机和互联网将如何改变城市"成为了一项引人畅想的新课题，前麻省理工学院建筑与城市规划学院院长威廉·米切尔出版系列著作《比特城市：未来生活志》(*City of bits: space, place and the infobahn*)、《E-托邦：数字时代的城市生活》(*E-topia: urban life, Jim-but not as you know it*)、《我++：电子自我和互联城市》(*ME++: the cyborg self and the networked city*)，提出以计算机技术为代表的信息技术将同铁路、电力、电话系统一样，会根本性地改变城市生活与运行方式[22-24]。

近年来，计算机和信息通信技术以更快的速度不断更新，数据可视化、知识发现、人工智能、虚拟现实、增强现实等技术的发展进一步拓展了城市管理的技术方法，引入更多跨学科方法的城市研究和实践正在更快地迭代。

1.2 新技术方法影响下的转型趋势

1.2.1 空间维度的精细化

在以传统统计数据为主的数据环境下，受采集渠道与成本的限制，城市管理的数据基础往往在覆盖范围和精度之间难以两全：或为大范围、低精度数据，如各级政府的统计年鉴；或为高精度、小范围数据，如特定主题的调研数据。此外，虽然一些政府部门统计数据本身可实现高精度与大范围覆盖（如工商税务、房地产交易数据等），但信息保密和部门之间的条块分割等问题往往导致其难以被开放分发，因而也难以被各类机构充分利用、发挥价值。因此，传统数据来源虽然也能够在一定程度上展示城市发展的宏观趋势，但通常难以触及更微观具体的现象。与传统数据相比，上文提及的多源新型数据采集方式为在较大空间范围内采集高精度的城市系统运行信息提供了可能，如手机定位数据可体现精细至每座建筑物的人流分布，电子商务网站数据可体现精细至每个居住小区的消费数额。这些城市数据不仅可被汇总归纳为某些整体性的趋势，也可用于对局部特征的高精度分析，如某个商务楼内的企业数量、雇佣人数、业务规模，或某个居民区的人群构成、生活方式等，有助于呈现传统数据环境下难以发现的现象和问题。

2010年以来大量采用新型数据的城市问题研究都体现出了空间维度精细化的特征。如Henderson等使用以覆盖全球、经纬度各30秒划定的空间单元（约0.86平方千米）的夜间灯光数据分析了全球118个国家1992年至2008年的经济发展状况[25]；Rozenfeld等利用开放的、高精度的英（200米×200米）、美（1500～8000人口的普查单元）两国全国人口调查数据研究了城市人口聚集规律[26]；百度大数据实验室利用百度地图应用程序上亿用户的手机定位数据研究了2014年至2016年全国2000个产业园区的实际就业情况以及全国4000个商业区的顾客流量，并据此构建了一系列精细化的经济运行指数[27]（图1-4）。

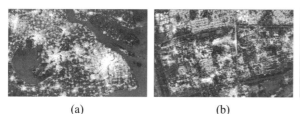
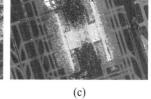

(a)   (b)   (c)

图1-4 基于手机定位数据的城市人群分布精细化观测
（a）区域尺度；（b）片区尺度；（c）建筑尺度
（来源：参考文献[27]）

彩图1-4

1.2.2 时间维度的实时化

在空间维度精细化的同时，新数据采集方法的出现也促进了高频率、实时化的城市信息反馈。传统的政府部门统计数据和普查数据通常以月、季度或年为更新时间单位，全国人口普查①、全国土地调查②甚至约每十年一次。虽然积累多年的调查数据也可展示许多现象的演变趋势，但这种数据采集方法往往无法透视各次取样期之间的变化和波动过程。而新型数据由于具有采集速度高的特点，往往可以日、小时，甚至分、秒为时间单位进行更新，并具有高度连续性，数据的采集更新可持续多年，覆盖范围也不受行政边界限制。如车载 GPS 数据可实时呈现城市的交通状况；信用卡交易记录可体现城市每天的消费情况，积累多年的交易记录则可以体现出一个城市居民生活与消费方式的演变等。

21 世纪以来的大量研究也体现出这方面特征，如 González 等通过研究 10 万人在 6 个月内的手机信号位置轨迹发现，人们看似随机的日常出行实际上具有很强的规律性[28]；Bollen 等对 2008 年 8—12 月发布的 960 余万条推特信息进行情绪分析，并与同一时期重要的社会、政治、经济事件相联系，建立了公众情绪监测模型（图 1-5）[29]；吴志强等在百度地图热力图工具所提供的动态大数据基础上尝试利用数据的实时优势建立基于空间使用强度的城市空间研究方法[30]。以往关注中长期变化的城市系统模型也开始在实时数据流的驱动下向城市系统实时模拟方向转变[31]；此外，2010 年后兴起的智慧城市建设理念也包含了大量城市数据实时采集、处理与决策的相关内容，本书将在后文予以详细讨论。

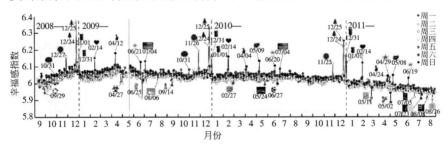

图 1-5 基于推特信息的每日公众情绪分析

（来源：参考文献 [29]）

---

① 我国至今共进行过 7 次全国人口普查，分别执行于 1953 年、1964 年、1982 年、1990 年、2000 年、2010 年、2020 年，美国全国人口普查（The US Census）也是自 1790 年起每十年一次。
② 我国至今共进行过 3 次全国土地调查，分别执行于 1984—1997 年、2007—2009 年、2017—2019 年，2018 年更名为第三次全国国土调查。

1.2.3 主体维度的人本化

城市物质空间的建设与改造是城市发展的重要内容与表征。在西方城市的发展过程中，无论是19世纪豪斯曼的巴黎改造还是20世纪上半叶的现代主义建设思想，物质环境的规划设计都被作为城市发展的关注重点。然而到20世纪60年代后，这样的做法被简·雅各布斯为代表的批评者们批判为"对现实生活成败的忽视""对大城市管理自己的方式、交流思想的方法、政治运作的形式以及经济投资的做法的无知"[17]。由此，西方城市管理对"人"和"真实生活"的关注得到不断加强。

在我国，过去一段时间内的快速城市化在很大程度上是较为粗放的快速建设和扩张，相应的规划管理和政策制定往往以各种宏观人口和用地指标为导向，而并未对居民个体的真实需求和感受给予足够的关注。当前，我国新型城镇化战略提出了"以人为本"的新型城镇化道路，强调回归对"人"的关注与关怀[32]。与这一转型趋势相对应，新数据和技术方法也提供了观察城市居民个体行为、感受、情感、价值判断的更多有效途径[33]。

越来越多的城市研究开始以微观个体的行为作为切入角度，如Calabrese等根据波士顿100万台手机的1.3亿条定位数据研究了城市重大赛事、活动期间的人群动向，为大型集会的人流管理提供了预测模型[34]；Roth等根据2008年4月某一周200万伦敦地铁持卡人的1100多万次地铁出行记录重新评估了伦敦的城市空间结构，识别出了多个实质上的人群活动中心[35]；Ratti等通过英国全境一个月的120亿条通话记录，依据个体之间的实际联络频率对英国重新进行了区域划分，并与行政区域划分进行了比较[36]；龙瀛和崔承印利用2008年北京市连续一周的公交IC卡刷卡数据研究了居民的居住地、工作地分布以及通勤情况[37]；熊丽芳等根据2009年和2012年长三角地区两两城市间的百度指数用户关注度数据①，分析了长三角区域内的城市间联系强度、城市功能地位等[38]；笔者也通过2020年至2021年间200多亿微博数据提取了大众在北京不同街道空间的主观体验（图1-6），得到了从个体感受出发的城市空间评价等（图中颜色越深代表包含相关关键词与道路名的微博越多）。

---

① 百度指数是以百度网页搜索和百度新闻搜索为基础的免费大数据分析服务，其用户关注度是以数以千万网民在百度的搜索量为数据基础，以关键词为统计对象，科学分析并计算出各个关键词在百度网页搜索中搜索频次的加权和，并以曲线图的形式展现。

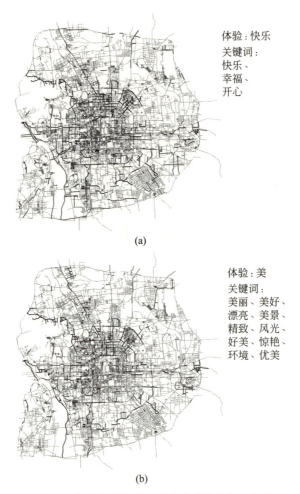

彩图 1-6　　图 1-6　基于微博内容识别的北京街道大众体验

1.3　我国城市发展的转型

就自身情况而言，在改革开放至今的四十多年中，我国经历了快速的城镇化过程。据国家统计局统计，从 1978 年到 2021 年，城镇常住人口从 1.7 亿增加到 9.1 亿，城镇化率从 17.9% 提升到 64.7%（图 1-7），年均提高 1.1 个百分点[39]。在快速推进的过程中，我国的城镇化也出现了一些突出矛盾和问题，包括市民化进程滞后，产业集聚与人口集聚不同步，城镇化滞后于工业化；"土地城镇化"快于人口城镇化，建设用地粗放低效，一些城市"摊大饼"式扩张；城镇空间分布和规模结构不合理，与资源环境承载能力不匹配且城市群的集群效率不高；城市管理服务水平不高,环境污染、交通拥堵、外来人口集聚区人居环境差等"城市病"问题日益突出等[32]。

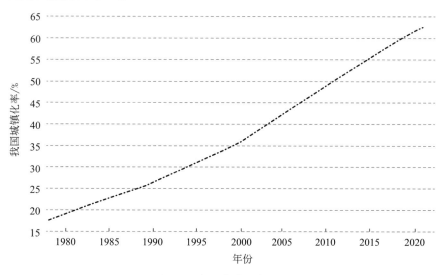

图 1-7 我国城镇化率增长
(数据来源:世界银行网站)

根据世界城镇化发展的普遍规律可知,我国处于城镇化率30%～70%的快速发展区间,在未来相当一段时间内城镇化过程仍将持续。但发展过程中不断暴露出的问题也在表明,过去传统粗放的城镇化模式必须有所转变,进入以提升质量为主的转型发展新阶段[32]。与发达国家的发展历程不同,我国正处于工业化、城镇化、信息化、农业现代化同步发展阶段,遇到的挑战与机遇在质和量上都有独特性,仅跟踪发展,难有成效[40-41]。2012 年,党的十八大提出了"新型城镇化道路",同年的中央经济工作会议提出,"要围绕提高城镇化质量,因势利导、趋利避害,构建科学合理的城市格局,走集约、智能、绿色、低碳的新型城镇化道路"[42]。2014 年,国务院颁布了《国家新型城镇化规划(2014—2020 年)》,提出"以人为本""优化布局""集约高效"等基本原则,以及"城镇化水平和质量稳步提升""城镇化格局更加优化""城市发展模式科学合理""城市生活和谐宜人""城镇化体制机制不断完善"五项总体目标[32]。2015 年,中央城市工作会议在时隔 37 年后再次召开①,会议

---

① 20 世纪 60 年代初,为加强对城市的集中统一管理和解决当时城市经济生活的突出矛盾,1962 年 9 月和 1963 年 10 月,中共中央、国务院先后召开全国第一次和第二次城市工作会议。1978 年 3 月,国务院在北京召开第三次全国城市工作会议,提出了关于加强城市建设工作的意见。此后直至 2015 年都未再召开过中央城市工作会议。

强调我国城市发展已进入新的发展时期。

可以看出，在上文所提到的新技术方法影响下的规划与管理转型趋势与我国城市发展新时期的现实需求存在大量共通之处。可以认为，在新需求与新技术方法的驱动下，"智能化"是城市管理的一个重要发展方向。那么，何为"智能化"的城市管理？具体包含哪些内容？下文将就这些问题展开论述。

参考文献

[1] The World Bank. Urban population[EB/OL]. (2022-04-01) [2022-04-01]. https://data.worldbank.org/indicator/SP.URB.TOTL.

[2] The World Bank. Urban population (% of total)[EB/OL]. (2022-04-01) [2022-04-01]. https://data.worldbank.org/indicator/SP.URB.TOTL.IN.ZS.

[3] SETO K C, FRAGKIAS M, GÜNERALP B, et al. A meta-analysis of global urban land expansion[J]. PloS one, 2011, 6 (8): e23777.

[4] United Nations. World urbanization prospects: the 2005 revision[EB/OL]. (2006-10)[2018-10-01]. http://www.un.org/esa/population/publications/WUP2005/2005WUPHighlights_Final_Report.pdf.

[5] United Nations. The world's cities in 2016: data booklet [EB/OL]. (2018-07-24) [2022-03-01]. http://www.un.org/en/development/desa/population/publications/pdf/urbanization/the_worlds_cities_in_2016_data_booklet.pdf.

[6] PAN Y, TIAN Y, LIU X, et al. Urban big data and the development of city intelligence[J]. Engineering, 2016, 2 (2): 171-178.

[7] ALEXANDER C. A city is not a tree[J]. Architectural forum, 1965, 122 (1): 58-62.

[8] BATTY M. The size, scale, and shape of cities[J]. Science, 2008, 319 (5864): 769-771.

[9] PORTUGALI J, MEYER H, STOLK E, et al. Complexity theories of cities have come of age: an overview with implications to urban planning and design[M]. Berlin and Heidelberg: Springer, 2012.

[10] FORRESTER J W. Urban dynamics[M]. Cambridge, Massachusetts: MIT Press, 1969.

[11] 席尔瓦, 刘伦. 跨学科视角下的城市规划研究展望 [J]. 北京规划建设, 2016, (3): 187-193.

[12] FRIEDMANN J. The core curriculum in planning revisited[J]. Journal of planning education and research, 1996, 15 (3): 89-104.

[13] WAKEFIELD J. Tomorrow's cities: how big data is changing the world[EB/OL]. (2013-08-27) [2018-03-09]. http://www.bbc.com/news/technology-23253949.

[14] ZIKOPOULOS P, EATON C, DEROOS D, et al. Understanding big data: analytics for enterprise class hadoop and streaming data[M]. New York: McGraw-Hill Osborne Media, 2011.

[15] 杨振山, 龙瀛, DOVAYN. 大数据对人文—经济地理学研究的促进与局限 [J]. 地理科学进展, 2015, 34 (4): 410-417.

[16] 泰勒. 1945 年后西方城市规划理论的流变 [M]. 北京 : 中国建筑工业出版社 , 2006.

[17] JACOBS J. The death and life of great American cities[M]. New York: Random House, 1961.

[18] STIFTEL B. Planning the paths of planning schools[J]. Australian planner, 2009, 46 (1): 38-47.

[19] MCLOUGHLIN J B. Urban and regional planning: a systems approach[M]. London: Faber & Faber, 1969.

[20] HARVEY D. Social justice and the city[M]. Athens, Georgia: The University of Georgia Press, 2009.

[21] 刘伦, 龙瀛. 城市模型的回顾与展望——访谈麦克·巴蒂之后的新思考 [J]. 城市规划,

2014, 38 (8): 63-70.

[22] MITCHELL W J. City of bits: space, place, and the infobahn[M]. Cambridge, Massachusetts: MIT press, 1996.

[23] MITCHELL W J. E-Topia: urban life, Jim-but not as we know it[M]. Cambridge, Massachusetts: MIT Press, 1999.

[24] MITCHELL W J. Me++: the cyborg self and the networked city[M]. Cambridge, Massachusetts: MIT Press, 2004.

[25] HENDERSON V, STOREYGARD A, WEIL D N. A bright idea for measuring economic growth[J]. American economic review, 2011, 101 (3): 194-199.

[26] ROZENFELD H D, RYBSKI D, GABAIX X, et al. The area and population of cities: new insights from a different perspective on cities[J]. American economic review, 2011, 101 (5): 2205-2225.

[27] DONG L, CHEN S, CHENG Y, et al. Measuring economic activity in China with mobile big data[J]. EPJ data science, 2017, 6 (1): 29.

[28] GONZÁLEZ M C, HIDALGO C A, BARABASI A-L. Understanding individual human mobility patterns[J]. Nature, 2008, 453: 779-782.

[29] BOLLEN J, MAO H, PEPE A. Modeling public mood and emotion: twitter sentiment and socio-economic phenomena[C]//The 5th International AAAI Conference on Weblogs and Social Media, July 17-21, 2011, Barcelona, Spain. Menlo Park, California: The AAAI Press: 450-453.

[30] 吴志强, 叶锺楠. 基于百度地图热力图的城市空间结构研究——以上海中心城区为例 [J]. 城市规划, 2016, 40 (4): 33-40.

[31] LI W, BATTY M, GOODCHILD M F. Real-time GIS for smart cities[J]. International journal of geographical information science, 2020, 34 (2): 311-324.

[32] 中华人民共和国国务院. 国家新型城镇化规划（2014—2020 年）[EB/OL]. (2016-05-05) [2018-03-01]. http://ghs.ndrc.gov.cn/zttp/xxczhjs/ghzc/201605/t20160505_800839.html.

[33] 甄峰, 秦萧, 王波. 大数据时代的人文地理研究与应用实践 [J]. 人文地理, 2014, 29 (3): 1-6.

[34] CALABRESE F, PEREIRA F C, DI LORENZO G, et al. The geography of taste: analyzing cell-phone mobility and social events[C]//The 8th International Conference on Pervasive Computing, May 17-20, 2010, Helsinki, Finland. Berlin: Springer: 22-37.

[35] ROTH C, KANG S M, BATTY M, et al. Structure of urban movements: polycentric activity and entangled hierarchical flows[J]. PloS one, 2011, 6 (1): e15923.

[36] RATTI C, SOBOLEVSKY S, CALABRESE F, et al. Redrawing the map of Great Britain from a network of human interactions[J]. PloS one, 2010, 5 (12): e14248.

[37] 龙瀛, 张宇, 崔承印. 利用公交刷卡数据分析北京职住关系和通勤出行 [J]. 地理学报, 2012, 67 (10): 1339-1352.

[38] 熊丽芳, 甄峰, 王波, 等. 基于百度指数的长三角核心区城市网络特征研究 [J]. 经济地理, 2013, 33 (7): 67-73.

[39] 国家统计局. 中华人民共和国 2017 年国民经济和社会发展统计公报 [EB/OL]. (2018-02-28) [2022-03-01]. http://www.stats.gov.cn/tjsj/zxfb/201802/t20180228_1585631.html.

[40] 潘云鹤. 中国城市发展的三个重要问题 [J]. 决策探索 (下半月), 2016, (2): 14-15.

[41] 中国智能城市建设与推进战略研究项目组. 中国智能城市建设与推进战略研究 [M]. 杭州: 浙江大学出版社, 2015.

[42] 中新社. 中央经济工作会: 十大关键词描述中国经济新路径 [EB/OL]. (2012-12-16)[2018-12-16]. http://www.chinanews.com/cj/2012/12-16/4412208.shtml.

第 2 章 智能化城市管理的内涵与框架

2.1 智能化城市管理内涵辨析

2.1.1 智能化：连续的技术演进

谈起"智能化",如今人们首先想到的很可能是人工智能技术在 2010 年后的快速进步,以及由此带来的日常生活、生产方式的多方位变化,如汽车自动驾驶技术使人们感到机器获得了汽车驾驶这一智能活动能力,语音识别、自动客服等技术展现出机器对人类语言智能的模仿。2010 年以来,工业生产、商业运营、公共管理等领域也都在进行着各类"智能化"转型,总之,如今"智能化"在众多领域已被作为一个未来重要发展方向[1-2]。

那么对于城市管理而言,到底何为智能化？首先,由于工作对象的高度复杂性,城市管理本身便是一项涉及人类高级思维能力的智能活动,城市管理的智能化并非指这项人类活动由不智能变为智能,而是指这项活动所使用的技术的智能化。那么什么样的技术可被认为是智能化技术？如果仅将其定义为对人类智能的模仿,那么似乎只有自动驾驶、自动对话、自动图像识别等致力于复现人类智能的技术可被纳入这一范畴。但在实际管理实践中,很多被赋予"智能""智慧"标签的管理技术并不与某种人类智能存在直接对应关系。如"智能红绿灯"技术旨在根据路况自动调整红绿灯时长以提升道路交通效率,但显然,这项技术并非追求对人类智能的模仿,而是试图通过机器算法实现更优的红绿灯设置。由此可见,对智能化城市管理乃至更广泛意义上的公共管理智能化趋势进行定义并非易事。

笔者检索了截至 2022 年 4 月中国知网中篇名出现"智能化管理""管理智能化""智能化治理"或"治理智能化"的文献,其中在"行政学及国家行政管理"分类下的文献共 66 篇。通过这些文献可以发现,其对智能化管理的理解可大致分为两类：一类认为智能化主要体现为大数据、互联网、云计算以及各类数据分析技术在管理中的应用,这类论述往往将智能化、信息化、数字化等趋势并置,不做明确区分[3-5];另一类则明确提到对人工智能技术的使用，也即智能化管理是采用了人工智能技术的管理创新[6-7]。上述两种理解中，前者趋于宽泛，后者以使用人工智能技术为标志，似乎更为明确，但事实上这其中也存在许多模糊之处。

此问题涉及人工智能技术的发展历程，虽然人工智能在2010年来大放异彩，但对相关理论方法的探索自20世纪中叶就已开始，其间经历了符号主义（symbolism）、连接主义（connectionism）等方法流派的发展，到21世纪20年代人工智能理论形成了包含机器学习、自然语言处理、计算机视觉、神经网络、机器人等子领域的庞大谱系（子领域之间也存在交叉）[8]。因此，被作为城市管理创新技术的人工智能往往可以追溯至20世纪即已出现的技术原型，例如，神经网络、决策树、遗传算法等机器学习算法在20世纪中叶就已陆续出现，并在20世纪80—90年代就被应用于城市土地扩张的模拟与预测[9-10]；再如，被应用于各类城市公共场所视频、图像自动监测的深度卷积神经网络算法也是由早先的神经网络算法发展而来。此外，某些人工智能算法与其他领域算法也存在相似之处，如机器学习中的线性模型可用于对各类城市问题的预测[11]，其与传统的统计学线性模型形式非常相似。由此可以看出，在人们简单认知中具有高度前沿性的人工智能事实上与很多相对"传统"的技术密不可分，二者共同形成一条连续演进的技术谱系，这种连续性使基于人工智能技术的智能化城市管理的定义变得不再截然清晰。

与人工智能技术的演进历程相似，具有智能化色彩的城市管理支撑技术也早在几十年前就已现端倪并持续发展。例如，在20世纪70年代，系统科学的发展及其在军事领域的成功应用催生了城市模型的开发，这类技术通过模拟城市运行的规律实现对城市发展趋势的预测，并为相关决策提供依据，提供超越人类智能的未来预测能力（详见本书第4章）[12]。此后，对城市模型的研究一直持续，21世纪20年代以来又与数字孪生城市概念相结合，成为智能化城市管理的一项重要技术组成[13]。再如，在20世纪90年代，当时最前沿的人工智能技术——专家系统（expert system）就曾被应用于城市管理领域，这类系统整合了大量人类专家的知识经验，形成了一系列推理判断规则，在此基础上模拟人类专家的决策过程，被应用于拥堵治理、设施选址等问题[14-16]。在Web of Science文献库中搜索标题含有intelligent、intelligence、smart及city、urban的文献可得结果约16 800篇，发表年份分布如图2-1所示。可以看到，虽然这一领域主要在2010年后兴起，但早在20世纪90年代，相关研究就已出现并持续增长。

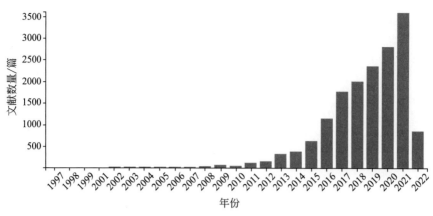

图 2-1　Web of Science 文献搜索结果
（数据来源：Web of Science）

在智能化概念普及之前，其实已有若干相关城市治理理念得以陆续出现，如20世纪70—80年代出现的"连线城市"理念、20世纪90年代左右出现的"信息城市"理念、21世纪后出现的"数字城市"理念等（表2-1）[17]。由此可见，智能化城市管理无论是技术方法还是理念思想都来自于过去几十年的不断演进，由于这种演进是连续的，故以某一项或某一类具体技术的应用作为智能化城市管理的界定标准并不恰当。但同样地，也不宜因此就将智能化概念过分泛化，这样极易造成认知与学术内涵的混乱。对此，笔者将尝试从管理决策中技术与人类智能互动的视角对智能化城市管理进行阐释。

表 2-1　相关城市治理理念

理念	释义
连线城市（wired city）	通过铺设电缆等基础设施提高城市连接性
数字城市（digital city）	最初指将城市信息、服务和交流网络化，以便于公众使用，后也作为描述将信息技术应用于城市生活的笼统概念
信息城市（information city）	以数字化手段收集城市中的各类信息并将之通过网络传递给公众
"遍布"城市（ubiquitous city）	遍布信息技术的城市或地区
电子治理（e-governance）（笔者添加）	借助信息技术提高政府信息传达和服务能力，鼓励公众参与，提高政府公信力、透明度和效率（UNESCO）[18]

（来源：译自文献 [17]）

2.1.2　内核：计算机算法融入人类管理决策

基于上节的辨析，笔者认为智能化城市管理的关键内涵并不在于某一项或某一类具体技术的应用，而在于机器算法对管理决策这一人类智能活动的参与深度。回顾城市管理工作中计算机技术的使用，最基础的技术使用可追溯至文字、数据、图纸等信息的录入编辑，这类基础技术有助于决策相关信息的整理与工作效率的提升，但显然，它们对人类管理者决策思维所能够提供的支持较为有限。在初步使用计算机辅助工具的基础上，来自多种学科的城市问题分析与管理决策支持方法被逐步引入，相应的技术工具与人类决策思维的互动性越来越高，这些技术开始为管理决策提供更重要的信息参考或代替人类执行较为复杂的智能活动，使管理工作逐渐进入可被称为"智能化"的范畴。

目前，机器算法与人类智能各有所长，机器算法往往擅长针对规则和目标明确的任务进行快速分析计算，其运算能力远高于人类，这类任务一般体现为对大量数据的处理呈现、对数据内在规律模式的挖掘以及对最优策略的搜索等方面。但同时，对于规则和目标难以量化表达的、依赖大量模糊经验的分析决策任务，机器算法的处理能力则可能不如人类。此外，还有一类任务在处理工作方面机器算法的能力正在接近人类，这就是视觉识别、文字理解、语言对话等人类基本智能活动，这类任务对于人类而言非常基础，但由于其实现规则难以被清晰表述，传统机器算法并不擅长。2010年以来，随着能够自主学习这类任务内在规则的机器学习算法出现，计算机的相关能力获得了明显进步，可以开始代替人类完成这一领域的繁杂工作，这也是当前人们认知中管理智能化的一项重要体现。

与上述两类能力相对应，机器算法参与人类管理决策的方式目前也可大致分为两类：一是以大量数据处理运算为基础，为管理决策提供所需的、人类智能难以识别发现的信息；二是对某些人类智能活动进行模仿以提升相关管理决策工作的效率。根据所提供的管理决策信息重要性以及所承担的管理决策工作难度，机器算法也可形成一条由浅度管理智能化到深度管理智能化的连续谱系（图2-2）。这一谱系涵盖了过去几十年中各个相关学科发展出的、可应用于支撑城市管理决策的方法技术，是相关理论方法发展的总体集成，其核心是机器算法与管理决策这一人类智能活动的融合，实现机器对人类管理决策能力的增强。

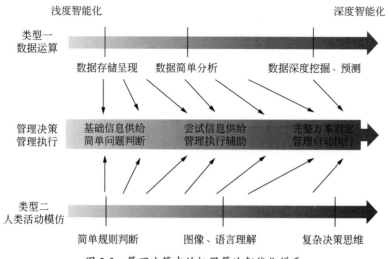

图 2-2 管理决策中的机器算法智能化谱系

2.2 多学科理论方法基础

如上节所述，智能化的城市管理涉及多种相关学科在长期发展中形成的理论方法，是一个跨学科领域，本节将对支撑智能化城市管理的主要学科领域与相关理论方法做简要梳理（图 2-3）。

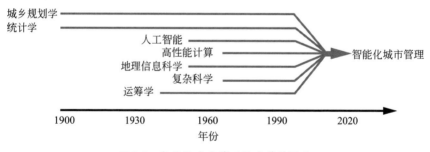

图 2-3 智能化城市管理的多学科源流

2.2.1 城乡规划学：城市运行发展规律认知

城乡规划学是较早以城市运行与发展为研究对象的学科，在 20 世纪初随着现代城市在健康、环境、住房等方面面临的诸多挑战而出现，最初被称为城市规划学，到 21 世纪后则被拓展为城乡规划学[19]。经过一个多世纪的发展探索，城乡规划学在认知城市运行发展规律方面积累了大量理论与实践经验，特别是在对城市土地的合理利用和对城市物质空间的合理规划工作中，其涉及城市发展战略的制定、区域规划、城市空间总体布局、城市生态与环境规划、城市交通与道路系统规划、城市公共服务设施规划、住区规划、城市体形环境设计等诸多方面[20]。

城乡规划学与管理实践的联系非常紧密，在20世纪以来的百年全球大规模城市建设中，人们不断深化、更新对城市运行发展规律的认知。例如，在20世纪初叶全球城市化进程的早期，首批大城市开始出现人口拥挤、环境污浊、住房条件恶劣等城市问题，对此，国际现代建筑协会提出了《雅典宪章》，主张应对城市功能进行分区规划。但随后的实践显示，功能分区在减少城市功能相互干扰的同时也降低了城市生活的便利性、多样性，于是到20世纪70年代，城市规划领域便修正了相关理念，提出了新的《马丘比丘宪章》。在城乡规划学的发展历程中，类似思想认识的演进众多，虽然这些城市建设与管理思想很多并不直接针对城市的智能化管理，但其也为相关技术发展中的价值判断与目标制定提供了重要指导。

2.2.2 统计学：数据规律探索

统计学是一门以数学为基础，根据与概率有关的理论对数据进行收集、处理、分析和解释的学科[21]，被广泛地应用于从物理学到生物医药乃至人文社科、政策分析等诸多领域，可帮助人们从繁杂的数据中发现事物的内在规律。统计学方法可被用于描述样本数据分布特征、根据样本数据进行推断、分析变量之间的关联以及对未知信息进行预测等。现代统计学形成于19世纪末，是后来各类数据挖掘方法的重要基础，被认为是最早的一类应用于管理决策的量化分析技术。

对于智能化城市管理而言，统计学方法可被用于评估各类城市数据所反映出的城市运行发展态势，并识别城市管理涉及的各类人、地、物要素的关联乃至因果关系。例如，在本书下篇的城市出行微观模拟案例中，统计回归方法就被用于识别影响市民选择出行方式的机制，此机制所涉及的影响因素包括市民的年龄、家庭结构、社会经济属性、职住地的道路通达性、职住地的公共交通条件、职住地周边的商业服务设施数量等，统计学方法可从这种分析中揭示人类认知所不能识别的关联关系，从而保障城市管理的科学性与有效性。

对要素之间关系的识别可分为相关关系和因果关系两个层次，其中，识别因果关系对管理决策更为重要，但由于城市系统中各种要素往往交织在一起，识别其因果关系通常更具挑战。在这方面，人们为统计学与经济学交叉形成的计量经济学发展研究出了一系列方法，以期在复杂的社会经济系统中识别出特定变量之间的因果联系。这些方法被大量应用于评估各类政策的效果,是支撑城市管理决策的重要方法。

2.2.3 计算机科学:高性能计算与人工智能

智能化技术往往涉及对大量数据的采集与分析计算,因此其与计算机科学紧密关联。首先,计算机软硬件技术的不断进步大幅提升了数据处理的规模与效率,使过去无法完成的复杂计算任务成为可能,这支撑了大量算法在城市管理中被投入实际应用。这类高性能计算任务包括并行计算、分布式计算、云计算等,是智能化城市管理的重要基础技术[22]。

在数据分析方法方面,如上文所提到的,来自计算机科学领域的人工智能技术实现了一系列谱系丰富、功能强大的计算方法,以使计算机获得类似人类的学习、推理、思考能力为目标,是大量智能化城市管理应用的方法内核。20世纪60年代以来,人工智能技术在其发展历程中探索了多种不同的实现路径,近年来的主要进展体现在机器学习、特别是深度学习(也即深度神经网络)算法的大幅进步(图2-4、图2-5)。这类算法可以自动探索学习数据中的内在规律——既包括格式清晰的结构化数据,也包括文本、图像等非结构化数据——不断改善数据模型的性能,拟合数据中复杂的非线性关系,从而实现对数据内在规律的挖掘以及对未知信息的预测。机器学习算法已被大量应用于对城市管理关键信息的识别与预测,如精细化评估城市人口特征、经济运行态势,预测城市交通状况、潜在公共安全危机以及代替人类管理者进行大量文本、图像判读以对城市运行状况进行监测等。

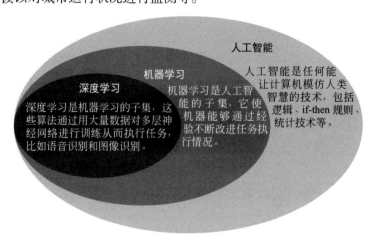

图 2-4 人工智能、机器学习与深度学习

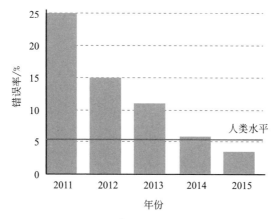

图 2-5 计算机视觉技术的进步

（ImageNet 大规模视觉识别挑战赛[①]错误率变化，改绘自 THE ECONOMIST. From not working to neural networking[EB/OL]. 经济学家网站.）

2.2.4 地理信息科学：空间信息处理

城市管理所涉及的各类城市问题往往具有鲜明的空间属性，也就是说城市系统中的人、地、物所处的空间位置会对城市运行与发展产生不可忽视的影响，随空间位置的不同，各类城市系统要素之间可能存在相互溢出、辐射、竞争等影响，这也是城市问题与一般社会经济问题的一项重要区别。在这方面，源自地理学的地理信息科学已发展出了一整套空间信息处理方法与软件工具，涵盖从空间信息的表示、存储到查询、分析的整个过程。无论是针对传统数据还是新型大数据，当数据分析需要考虑其空间位置属性时，都需运用此类相关方法。

空间信息处理分析的具体方法可达上百种，大致分为三种类型：一是空间关系分析，是对空间中点、线、面要素相对位置关系的识别计算，包括空间要素间的相交/包含关系识别、基于空间关系要素截取、要素间的距离计算与近邻分析、要素间的最短路径计算等（图 2-6）；二是空间分布分析，是对各类要素及其属性在空间中分布模式的分析，包括数量分布分析、属性高低值分布分析等；三是空间统计与回归，其将空间关系纳入统计分析中，并在一般统计回归的基础上进一步考虑邻近要素

[①] ImageNet 是目前世界上最大的图像识别数据库，其包含约 1500 万幅图像，每幅图像都经严格的人工筛选与标记，共分为约 22 000 个类别。ImageNet 大规模视觉识别挑战赛（ImageNet Large Scale Visual Recognition Competition）是从 2010 年开始，基于 ImageNet 子集开展的图像识别算法竞赛。

之间的相互影响，包括空间相关性分析、空间回归等。将上述基础方法与实际城市问题相结合，可以形成一系列针对具体问题的度量指标，如对公交站点进行缓冲区分析可以得到公交覆盖率指标，对企业分布进行密度分析可以得到产业集聚度指标等。

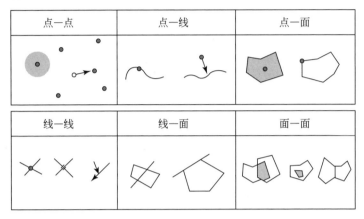

图 2-6　不同类型空间关系示意图

2.2.5　复杂科学：复杂系统分析

将城市作为复杂系统来理解分析是 20 世纪 90 年代末以来城市研究的一大认知转变，其为智能化城市管理带来了更多方法工具。复杂系统是指这样一类系统，它们的构成要素之间存在大量微观互动，这种互动导致系统整体呈现出某些难以直接预测的宏观性质。此类系统在自然界以及社会经济领域广泛存在，故对此类系统的研究便形成了一门跨学科的复杂科学。城市中广泛存在的人与人、人与环境的互动使城市成为了一类典型的复杂系统，因此，以复杂系统的视角与方法分析城市问题可能会得到更为准确的理论认知与管理策略。复杂科学的研究内容包含一系列与复杂系统特性有关的主题，包括互动、涌现、自组织、非线性、非均衡、混沌等，如对于城市复杂系统，涌现体现为人与人、人与环境的互动所形成的难以预料的宏观现象，而非线性则体现为城市系统状态随时间推移而产生的非线性变化。

在将复杂科学引入后，城市研究产生了大量基于微观互动的城市模型（常用建模方法为"多主体模拟"），不同于传统从宏观、均衡状态下的统计规律出发的城市模型，这类"自下而上"的模型有助于体现城市作为复杂系统的种种特性，并可为城市管理实践中的发展预测与政策模拟等需求提供新的工具。

2.2.6 运筹学：管理决策优化

上文提到的学科理论方法大多首先面向的是对城市问题的认知，在正确认知城市运行发展状态与规律的基础上可以形成相应的管理决策方案，如统计学往往被应用于分析各类城市要素、现象、政策的关联机制，由清晰的关联机制推导出相应的管理策略；而与此不同的是，运筹学直接面向决策方案的制定，研究如何运用各类数学方法为复杂环境下的决策提供最优方案，因此其对智能化城市管理具有独特价值。运筹学在第二次世界大战期间兴起于军事领域，之后被推广到工业生产、商业管理、政府决策等更多的经济社会领域，以运筹学为基础，目前已发展出一系列针对线性规划问题、运输问题、网络问题、排队问题等类型问题求解最优决策的算法技术[23]。虽然运筹学也已拥有半个多世纪的历史（20世纪40年代至21世纪20年代），但其自动化提供最优决策方案的特点与智能化管理内核具有高度一致性。

运筹学方法一般针对涉及资源安排的管理问题，在城市管理中可以体现为对人力、物力的调配以及对道路、土地资源的使用等。同时，运筹学方法需要对所研究的问题进行量化定义，特别是对决策目标和限制条件进行量化，因此城市管理中目标越清晰、越易被量化的问题越适于借助运筹学方法获得优化方案[23]。也正由于上述原因，目前运筹学在智能化城市管理实践中的应用与上述其他学科相比相对较少，主要应用于交通系统优化[24]、市政公用系统优化[25]等问题，但随着大数据时代各类社会经济乃至政治问题可量化度的提高以及智能化趋势下管理部门对决策支持工具需求的提升，运筹学方法有望被应用于更多场景下的城市管理决策。

需要说明的是，上述学科并非智能化城市管理的全部学科基础。伴随着城市管理需求复杂度的提升，其所需应对的问题也更加多样，正逐渐纳入更多学科，如面向城市公共健康的决策支持技术需要借助公共卫生学理论方法，面向城市碳减排的决策支持技术需要借助能源、环境领域的理论方法等。

2.3 系统技术框架

基于多学科的理论方法积累，结合城市管理的切实需求，智能化城市管理领域逐渐形成了多种多样的技术工具，那么这些林林总总的技术工具之间存在怎样的内在逻辑与联系？对此，笔者构建了由三个主要板块构成的智能化城市管理系统框架，分别为面向现状认知的信息感知与挖掘、面向发展预判的系统模拟与优化，以及对整个过程进行算法增强的人工智能应用（图2-7）。首先，信息感知与挖掘、系统模拟与优化构成了由认知现状到预判未来的演进关系，当前智能化城市管理领域的各类方法技术均可按照这一演进逻辑被归入这两个板块；其次，这两个板块所采用的方法技术可能在不同程度上包含人工智能，形成机器智能水平的演进；最后，这三个板块覆盖了智能化城市管理问题的对象与方法技术这两个维度的变化谱系。本书上篇围绕这三个板块展开，下面将对这三个板块的内涵进行简要介绍。

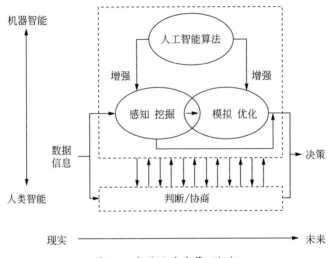

图 2-7　智能化城市管理框架

2.3.1 现状认知：信息感知与挖掘

在智能化城市管理相关研究与实践中，可以看到大量采集分析城市中的各类人、地、物、事信息的技术，如伴随着智慧城市建设，城市中已布局了大量摄像、传感设施，对城市交通、人群活动、环境质量、市容市貌等进行实时的数据采集分析。同时，在学术研究中也可以看到大量针对城市数据挖掘方法的探索，这些工作均可被归纳为"信息感知与挖掘"。事实上，管理对象运行发展状态的信息从古至今都是管理决策的重要依据，但与传统上基于国家统计体系的信息相比，在数字化、智能化时代，随着现代生产生活的广泛电子化，城市管理的信息来源要远为丰富、精细、高频。对这些高质量信息的分析需求是如今机器智能被纳入管理决策过程的重要推动力,如今智慧城市建设中的大部分工作都属于这一类型。

在这一板块中,感知与挖掘是两项前后串联又有所重叠的子环节。参考经典的"数据-信息-知识-智慧"认知模型可知,感知对应数据的获取,而挖掘则对应采用适当技术方法从原始数据中提取有价值的信息与知识(图2-8)。但事实上,数据与信息、感知与挖掘的界限并非完全清晰:一方面,某些原始数据本身就提供了具有决策价值的信息(如12345热线电话数据可直接揭示城市管理中存在的问题);另一方面,数据感知与挖掘有时被紧密结合,如在城市公共场所的监控中,一些摄像数据采集设备嵌入了实时计算功能,可在采集视频影像的同时识别交通违章、人流数量等信息,使感知与挖掘同步进行。因此在框架梳理中,笔者将这两项子环节作为一个共同整体来讨论。

2.2节提到的多个学科的理论方法都在这一板块被大量应用,如统计学与计算机科学方法被应用于数据模式的识别与信息提取,地理信息科学方法被应用于空间数据分析等。

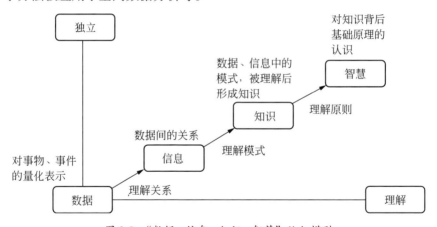

图2-8 "数据-信息-知识-智慧"认知模型

2.3.2 发展预判:系统模拟与优化

上一板块旨在实现对城市运行发展状态的精准认知,在一些场景下,感知挖掘得到的信息可直接形成城市管理决策,如12345热线数据显示某片区市政设施故障频繁即提示应对该片区进行相应改造。但很多城市管理问题涉及城市人、地、物的复杂互动机制,还需在精准认知现状的基础上做进一步分析才能有效支撑管理决策。这一板块主要包含两个子环节,即对城市系统运行趋势的模拟预测和对管理策略的优化制定。

其中，对城市系统的模拟预测依赖于对城市模型的构建，由于城市系统的运行变化往往涉及大量个体的自主行为与互动，具有复杂、非线性的特点，因此其运行变化往往超出了人脑的经验判断与逻辑推理范畴。城市模型是对城市中各类对象与过程的抽象数学表达，借助机器的强大计算能力进行人脑一般所不能完成的复杂迭代计算，需综合运用统计建模、基于各类计算机算法的参数拟合、复杂系统模拟等诸多方法（涉及 2.2 节提及的几乎全部学科）。在构建科学有效的城市模型的基础上，可对不同管理策略的实施影响进行场景模拟，进而对不同策略进行评估与择优，实现自动化决策或为管理者决策提供直接依据。

如前文所提到，城市模型并非智能化时代的新鲜事物，而是从 20 世纪 70 年代即已出现并不断迭代的产物，如今大数据、实时数据和更多算法的出现为城市模型带来了新的发展，本书第 4 章将对城市模型的理论方法与发展历程进行详细介绍。

2.3.3　算法增强：人工智能应用

人工智能技术的大幅进步与广泛应用是智能化时代的突出特点，在过去的发展历程中，人工智能已或多或少地被应用于城市信息感知挖掘与系统模拟优化，如元胞自动机、多主体模拟等智能体技术便已被应用于城市模型构建。如今，人工智能技术的新发展为城市信息感知挖掘与系统模拟优化带来了大量新的突破，人工智能技术的恰当应用将有助于扩展信息感知挖掘与系统模拟优化的功能范畴与性能表现，实现原先难以实现的功能或大幅提升相关数据模型的拟合预测水平，从而发挥算法增强作用，如本书第 8 章的人工智能应用案例就介绍了将计算机视觉算法应用于城市街景照片分析，实现了对城市环境品质的全覆盖、精细化评估，为市容市貌的提升提供了直接依据，这是其他方法所不能实现的。将人工智能技术与智能化城市管理需求有效结合是当前相关研究与管理实践的热点领域。

虽然人工智能技术在近十年来进步突出，但对其研究探索早在 20 世纪 60 年代即已开始，其间经历了多次起落，本书第 5 章将对人工智能技术的发展历程及其与城市管理问题的结合提供较为全面的介绍，以期为相关研究与管理人员共同探索这一潜力领域提供方法与思路。

在智能化城市管理中，由上述三类技术构成的机器智能系统与人类智能活动不断高频交流，共同作用于管理策略的制定，形成计算机与人协作、取长补短的"1+1>2"的增强智能系统[26]。相应地，智能化城市管理的决策方式也体现为人机协同决策，这一部分将在 2.4 节进行阐释。

2.4 管理决策模式：人机协同决策

智能化城市管理在多学科方法技术融合的基础上有一项重要特征，就是决策模式的转变，随着各类计算机算法所提供的信息、知识的丰富度和深度不断提高，智能化城市管理逐渐体现出了人机协同决策的特征，也就是在管理决策中由人和机器协作，各自发挥所长，形成最终的决策。

2.4.1 人机协同基础理论

人机协同的思想约出现于 20 世纪 80 年代，随着计算机算力的增强和应用的推广，"人机合作"这一概念逐渐浮现在一些学者脑中。例如，图灵奖得主爱德华·费根鲍姆在 20 世纪 90 年代的一篇文章中就提出过对"人 - 机器协同系统"（man-machine synergy）的预测，认为未来人和机器之间将形成一种同事式的关系，各自完成自身最擅长的任务，这种互动将是"无缝衔接的、自然而然的，以至于难以区分各项技能、各项知识、各项想法到底是来自于人脑还是计算机"[27]。同一时期，我国著名科学家钱学森在提出开放的复杂巨系统概念及其方法论时也提出了类似构想，主张解决开放复杂巨系统问题需要人、专家系统（20 世纪 80 年代人工智能算法的一种主要形式）和智能机器共同参与、协调配合，"关键之处由人指导、决策，重复繁重工作由机器进行，人与机器以各种方便的通信方式进行人机通信，形成一个和谐的系统"[28]。

随着相关技术的进步，上述科学家的早期前瞻构想逐渐明晰并被付诸实践，现今人与机器的合作乃至协同已在军事、工业生产、汽车辅助驾驶等领域大量体现，如在汽车辅助驾驶中现有技术可通过多种形式实现"人机共驾"，包括帮助人类驾驶员更好地感知周边环境、在人与机器间进行驾驶权切换、对人和机器的驾驶决策进行综合判定等[29]。在一些情景下，人机合作的深度已超过了某些早期构想，从以人为主、机器辅助进入到人机融合、协同决策的更高层次。

近年来的人工智能研究已正式将人机协同的相关技术作为关键研究方向，开展了大量有针对性的理论与技术研究。2017 年，我国发布了《新一代人工智能发展规划》，提出"人机混合智能"命题，将其列为需重点突破的基础理论瓶颈和关键共性技术，包括"人在回路"的混合增强智能、人机智能共生的行为增强与脑机协同、有助于机器与人类思维协同的机器直觉推理与因果模型等研究内容，并指出未来"人机协同成为主流生产和服务方式"[30]。一些人工智能领域的学者对人机混合智能的实现提出了更为明确的方法路径，如我国郑南宁院士提出"人在回路"的混合智能的实现路径为：先由机器对数据内在规律进行自动学习，形成初步数据模型，当机器识别到模型存在准确度较低或其他异常情况时再通知人类介入，对模型进行调整，同时机器也把人类的调整操作纳入其知识库中[31]。

这些理论构想与技术探索为设计各类管理活动中人类管理者与机器智能的互动关系提供了重要参考。可以看到，人类智能与机器智能的合作包含多种层次，从简单地将机器作为信息输入和调取工具，到由机器通过处理大量信息为人类决策提供支持，再到人与机器共同决策等。随着相关技术的发展，人机合作还可能呈现出脑机接口等更多具有想象力的形式。

与对智能化的定义类似，在上述多种形式的人机合作中，当机器智能深度、高频地参与管理决策活动时，即可认为其具有了人机协同决策的特征。其中，"深度"体现为机器智能对管理决策相关信息的分析处理层次较深，提供了人类智能所不能识别的关键信息，或代替人类完成较为重要的管理决策工作；"高频"体现为人与机器在决策中高频交流，人类管理者根据机器提供的信息知识不断调整判断，而机器则根据人类管理者的需求与反馈不断调整自身算法。可以认为，人机协同决策是在基于计算机的管理决策支撑技术不断进步的背景下必然出现的决策范式转变。

2.4.2 城市管理中的人机协同决策

信息感知与挖掘板块的人机协同主要体现在通过机器智能扩展人类管理者对城市运行发展态势的认知能力。在采集大量数据的基础上对数据进行分析处理时，机器通常可以挖掘到人类直观认知所难以洞悉的信息，为决策提供重要参考。如本书下篇的信息感知与挖掘案例中，笔者基于对上海全市地铁刷卡数据的计算识别了城市不同片区人群活动的模式特征，该特征可帮助城市管理者制定有针对性的公共场所人流管理与公共服务方案。

系统模拟与优化板块的人机协同主要体现为机器智能为人类管理者直接提供或评估决策方案。系统模拟通过对城市运行发展的推演提供不同决策情景下的城市运行发展预判以供决策者选择，这一过程可反复互动循环，由决策者运用其经验知识判断机器提供的推演结果或优化方案是否满意，再由机器在后续运算中纳入决策者所提供的信息，实现决策者的经验判断与机器复杂运算的整合。如本书下篇的系统模拟与优化案例中就针对城市疫情防控管理需求，使用计算机对北京市民的上亿次日常出行进行计算，提供多种不同成本与安全性的疫情防控方案，交由管理者进行综合考量与选择，形成最终方案。

将人工智能算法增强应用于上述两板块时，人机协同决策的体现形式与上文所述类似。本书下篇的人工智能应用案例将计算机视觉技术应用于对几十万张北京城市街景照片的自动化判断中，以此实现对城市环境品质的大规模、精细化感知评估，为城市更新建设决策提供重要信息。

本书后文将围绕智能化城市管理的三大板块展开探讨，包括相关理论方法及研究案例。

上篇第 3 章为信息感知与挖掘的理论方法，其将首先对智能化时代的新型基础数据来源——大数据的内涵、类型进行介绍，之后对当前研究与实践中信息感知与挖掘的重点领域与内容做了梳理。第 4 章为系统模拟与优化的理论方法，其将对城市模型研究与应用的发展脉络进行回顾，并探讨未来城市模型的发展方向。第 5 章为人工智能的理论方法，其将介绍人工智能技术的发展历程，并对 20 世纪 80 年代以来人工智能应用于城市管理的相关探索进行梳理，最后以计算机视觉技术为例展示人工智能在城市管理中的精细化应用思路。

下篇第 6 章为信息感知与挖掘案例，此研究案例开发了一种新的针对城市人群活动的数据挖掘方法，并将之应用于上海地铁智能卡数据，从中识别出上海不同片区人群活动的模式特征。第 7 章为城市系统模拟案例，介绍了笔者所开发的城市环境与市民活动出行模型，可被用于模拟不同城市建设与管理政策对市民日常出行的影响，评估其对城市整体交通量的影响等。第 8 章为管理策略优化案例，针对新冠疫情防控需求介绍了一项基于大规模手机信令定位数据计算的优化策略研究。第 9 章为人工智能应用案例，这项研究训练了根据城市街景图像评估城市环境品质的深度学习模型，通过这一计算机视觉智能技术拓展了城市问题感知挖掘的可能性。

最后，本书对智能化时代城市、机器与人的关系进行了讨论，指出虽然"以人为本"等理念已深入世界大部分地区的城市治理体系，但新技术环境不断对人本理念的实现提出新的挑战，新的问题需要引起人们的注意。

参考文献

[1] 李晓方,王友奎,孟庆国.政务服务智能化：典型场景、价值质询和治理回应[J].电子政务,2020 (2): 2-10.

[2] 周济.智能制造——"中国制造2025"的主攻方向[J].中国机械工程,2015, 26 (17): 2273-2284.

[3] 唐有财,张燕,于健宁.社会治理智能化：价值、实践形态与实现路径[J].上海行政学院学报,2019, 20 (4): 54-63.

[4] 杨述明.论现代政府治理能力与智能社会的相适性——社会治理智能化视角[J].理论月刊,2019 (3): 79-85.

[5] 王法硕,陈泠.社会治理智能化创新政策为何执行难？——基于米特-霍恩模型的个案研究[J].电子政务,2020 (5): 49-57.

[6] 张贵群.社会治理智能化发展的现实困境与实施路径研究[J].领导科学,2020 (6): 32-34.

[7] 刘灿华.社会治理智能化：实践创新与路径优化[J].电子政务,2021 (3): 49-60.

[8] RUSSELL S, NORVIG P. Artificial intelligence: a modern approach (third edition)[M]. Essex, UK: Pearson Education Limited, 2013.

[9] RODRIGUE J-P. Parallel modelling and neural networks: an overview for transportation/land use systems[J]. Transportation research part c: emerging technologies, 1997, 5 (5): 259-271.

[10] PAOLA J D, SCHOWENGERDT R A. A detailed comparison of backpropagation neural network and maximum-likelihood classifiers for urban land use classification[J]. IEEE transactions on geoscience and remote sensing, 1995, 33 (4): 981-996.

[11] RUSSELL S, NORVIG P. Artificial intelligence: a modern approach[M]. Essex, UK: Pearson Education Limited, 2013.

[12] 刘伦,龙瀛,麦克·巴蒂.城市模型的回顾与展望——访谈麦克·巴蒂之后的新思考[J].城市规划,2014, 38 (8): 63-70.

[13] BATTY M. Digital twins[J]. Environment and planning, 2018, 45 (5): 817-820.

[14] ARENTZE T A, BORGERS A W, TIMMERMANS H J. An efficient search strategy for site-selection decisions in an expert system[J]. Geographical analysis, 1996, 28 (2): 126-146.

[15] BATTY M, YEH T. The promise of expert systems for urban planning[J]. Environment and planning b: urban analytics and city science, 1991, 15 (3): 101-108.

[16] BELL M C, SCEMAMA G, IBBETSON L J. Claire: an expert system for congestion management[C]//Advance telematics in road transport: proceedings of the drive conference, February 4-6, 1991, Brussels. Elsevier: 596-614.

[17] COCCHIA A. Smart and digital city: a systematic literature review[M]//DAMERI R P, ROSENTHAL-SABROUX C. Smart city: how to create public and economic value with high technology in urban space. Cham: Springer, 2014: 13-43.

[18] PALVIA S C J, SHARMA S S. E-government and e-governance: definitions/domain framework and status around the world[C]//International Conference on E-Governance, 2007: 1-12.

[19] 赵万民,赵民,毛其智.关于"城乡规划学"作为一级学科建设的学术思考[J].城市规划,2010, 34 (6): 46-52, 4.

[20] 吴志强,李德华.城市规划原理[M]. 4版.北京：中国建筑工业出版社,2010.

[21] UPTON G, COOK I. A dictionary of statistics [M]. 3rd ed. Oxford, UK: Oxford University Press, 2014.

[22] 斯特林,安德森.高性能计算：现代系统与应用实践[M].黄智濒,艾邦成,杨武兵,等译.北京：机械工业出版社,2020.

[23] 塔哈.运筹学基础：全球版[M]. 10版.刘德刚,朱建明,韩继业,译.北京：中国人民大学出版社,2018.

[24] VAZIFEH M M, SANTI P, RESTA G, et al. Addressing the minimum fleet problem in on-demand urban mobility[J]. Nature, 2018, 557 (7706): 534-538.

[25] LEE C, YEUNG C, XIONG Z, et al. A mathematical model for municipal solid waste management–a case study in Hong Kong[J]. Waste management, 2016, 58: 430-441.

[26] 潘云鹤.人工智能走向2.0[J]. Engineering, 2016 (4): 51-61.

[27] LENAT D, FEIGENBAUM E. On the thresholds of knowledge[M]. Cambridge, Massachusett: MIT Press, 1992.

[28] 钱学森, 于景元, 戴汝为. 一个科学新领域——开放的复杂巨系统及其方法论[J]. 自然杂志, 1990 (1): 3-10, 64.

[29] 胡云峰, 曲婷, 刘俊, 等. 智能汽车人机协同控制的研究现状与展望[J]. 自动化学报, 2019, 45 (7): 1261-1280.

[30] 中华人民共和国国务院. 关于印发新一代人工智能发展规划的通知: 国发〔2017〕35号 [EB/OL]. (2017-07-20)[2022-04-16]. http://www.gov.cn/zhengce/content/2017-07-20/content_5211996.htm.

[31] ZHENG N, LIU Z, REN P, et al. Hybrid-augmented intelligence: collaboration and cognition[J]. Frontiers of information technology & electronic engineering, 2017, 18 (2): 153-179.

第 3 章 信息的感知与挖掘

从智能化城市管理系统框架中可以看到，对反映城市系统运行发展状态的各类信息进行感知与挖掘，从而准确认知城市运行发展的现实状态是智能化城市管理的基础工作。在管理实践中，当前国内外智慧城市建设的大量工作，从各类传感器的部署到"城市大脑""市长驾驶舱"的实时显示，实质上都属于感知与挖掘信息的范畴（图3-1、图3-2）。

2010年来，城市管理信息感知与挖掘领域的大量进展与"大数据"的出现密不可分。相比传统的统计调查数据，大数据使城市管理的信息反馈不再以年度、季度或月度为单位，而是将更新频率缩短至每周、每天甚至每小时、每分钟。对此，3.1节将首先对面向城市管理的大数据之内涵、类型、特点等问题予以阐释。同时，采集使用大数据时不应"为大而大"，而应呼应于城市管理的现实需求，并通过多学科理论方法对数据的信息价值进行深入挖掘，将多源数据、多源技术与实践需求有效结

图 3-1 智慧城市的早期案例之一——巴西里约热内卢的"智慧控制中心"
（来源：Metropolis 杂志网站）

图 3-2　北京市海淀区城市大脑展示体验中心

合,这也是城市管理信息的感知与挖掘领域在研究与实践中持续探索的关键问题。对此,3.2 节将对目前城市信息感知与挖掘的典型应用领域与场景做一个梳理,并结合国内外研究与实践中的知名案例以及笔者的相关研究案例进行介绍。

3.1　大数据:当代城市管理的重要信息来源

数据一直是人们记录、认知自然世界与人类社会的重要媒介。随着科技、社会的不断发展,人类活动产生的数据量也不断增加,特别是 2010 年以来,随着互联网等信息通信技术的普及,数据量更是大幅增长。在大数据概念兴起之初的 2012—2013 年,两年产生的数据量就占到了当时人类社会有史以来产生的全部数据量的 90%[1]。如今,某些搜索网站的搜索量可达到每秒 80 000 余次,某些社交网站的信息发布量可达到每秒 8000 余条,整个互联网的信息交流可达到每秒 86 太字节[2]。这些人类活动形成的海量数据为社会科学研究带来了大量新的资料,因此,2010 年以来,基于大数据的研究逐渐成为了社会科学领域的关注热点[3]。对于城市管理研究与实践而言,这些新型、大规模数据也为研究者与管理者分析公众行为、评估管理政策等提供了新的视角与可能。那么,对于城市管理而言,大数据涉及的数据类型、适用的问题情景、存在的分析途径,这些问题将在下文中详细介绍。

3.1.1 大数据的内涵辨析

大数据，顾名思义是指规模较大的数据，但是达到何种规模的数据可被纳入大数据的范畴，事实上关于这一问题并没有得到人们明确的界定。在大数据概念出现之初，计算机领域人士一般将常规数据存储与处理方式不能轻易处理的数据称为大数据，如微软公司的一篇文章指出大数据是"不能采用常规方式处理的数据，甚至可能无法由单个硬盘存储"[4]。但随着大数据概念由计算机科学领域向更广阔的社会经济领域延伸，大数据的内涵也发生了一定程度的泛化，其数据规模的界定变得逐渐宽泛。目前，由加特纳公司提出的大数据定义最被广泛认同，它从三个特征而非仅是数据规模为大数据提供了定义——"大容量、高速度、多样性的信息资产，需要高效、创新的信息处理方式，以实现认知与决策的提升以及流程的自动化"[5]，其中大容量（volume）、高速度（velocity）、多样性（variety）也被广泛称为大数据的"3V特征"①。此外，很多学者与机构也对大数据提出过多种定义，如甲骨文公司从数据来源的角度提出，典型大数据可包括"企业数据（如客户信息、交易数据）、机器/传感器数据（如通话记录、智能仪表数据）和社会数据（如社交媒体数据）"[6]。总体而言，如今学术界和产业界在定义大数据时更关注其特征，而非明确的数据规模。如Boyd和Crawford就指出"大数据更重要的意义在于搜索、汇集、交互数据的能力而非数据规模本身"[7]。

从发展历程来看，大数据这一概念从20世纪90年代开始在计算机科学领域出现，在2000年后、特别是2010年以来开始在商业、公共管理等更多社会经济领域内得到大范围应用，而支撑大数据出现并产生价值的相关技术演进可追溯至20世纪50年代甚至更早时期。以互联网、移动通信为代表的信息通信技术的普及在大数据的发展历程中扮演了重要角色，其中标志性的进展包括1971年互联网的出现、2009年4G网络的部署等，这类技术的广泛应用使人们的日常活动产生了大量"数字足迹"，包括通话记录、线上活动记录、刷卡记录、地理定位等，这些数据在2010年后进一步大幅增长，构成了大数据的主要来源。在挖掘技术方面，本书2.2节提到的多学科理论方法，特别是由数学、统计学、计算机科学共同形成的数据科学理论方法以及各类提升海量数据处理速度的

---

① 也有文献将3V特征拓展为6V甚至更多V字特征，如variability（变化性）、veracity（真实性）、validity（有效性）等。

计算机软硬件技术为大数据的价值发挥提供了重要支持,使研究和管理者得以在繁杂的数据中提取出有价值的信息并转化为知识与决策,实现了大数据的价值转化。

随着大数据这一技术概念由计算机领域向社会经济领域延伸,其范畴也在随社会经济领域的数据特征被逐渐扩展。目前,社会经济领域倾向于将很多积累时间较长、数据价值较高且过去未被整理使用的数据类型通称为大数据,这类数据并不一定需要达到拍字节(PB,10^{15})、太字节(TB,10^{12})的量级,有的甚至仅为兆字节(MB,10^6)量级,也并非一定需要采用分布式计算等特殊的数据处理技术。这一认识与"开放数据"——一项和大数据同时兴起的趋势有关,开放数据主要是指在数据价值越来越被全社会关注的背景下,政府、企业等机构将一些内部数据向社会开放以促进数据高效利用的做法。在大数据作为一种新型数据进入社会经济领域的同时,一些数据量级不大但信息丰富的新型开放数据也进入了人们的视野,如详细的城市房屋地籍数据、企业注册信息、行政处罚信息等。对此,Mergel 等人在一篇发表于《公共管理评论》(*Public Administration Review*)的文章中就将公共管理领域的大数据定义为"大量数据,既包括公共部门主动采集的、高度结构化的管理数据,也包括由机构与个人的互联网活动被动产生的、持续而自动出现的结构化与非结构化数据",为大数据这一概念纳入了通常量级较小的公共部门管理数据[8]。

同时,在城市管理研究与实践领域,20 世纪 90 年代以来对复杂性理论的引入和对个体的关注也使大数据与学科理论思想演进相契合。复杂性理论认为群体并非个体的简单加总,个体决策与个体之间的互动可能涌现出复杂、非线性、难以直观判断的整体模式,因此对复杂城市系统展开研究需要深入了解个体行为机制,而高度个体化、反映丰富行为信息的大数据正契合了这一需求。

大数据与传统调查统计数据的关系并非替代而是互补。大数据通常也被描述为"薄"数据,指数据的样本量大但每个样本的信息维度较少,如社交媒体数据往往只能体现用户在社交媒体的发布内容,但缺乏用户年龄、职业、收入等详细的社会经济属性信息,而传统调查数据往往可以设置几十个问题对每个样本进行全面刻画。因此,在实际应用中,通常要将大数据与传统数据配合使用,准确地把握城市管理中的问题。

3.1.2 城市大数据的类型

城市管理涉及公共服务、交通、市政、社区等众多领域，因此其大数据的来源与类型相当丰富，可大致划分为表 3-1 所示的四个主要类型：地图空间数据，是对城市物质空间信息的大规模电子化，一般来自商业或开放电子地图平台；互联网使用数据，是随着互联网（特别是由大众贡献大量信息的社交媒体）的普及而形成的一类典型大数据，可反映城市市民日常生活、态度情绪、社交互动等一系列信息；通信、传感设备数据，是采用各类将物理信息转换为电信号的设备采集城市中人、物、环境的信息，某些传感数据在城市管理中的应用早在大数据时代前就已开始（如道路口车辆检测等），近年来的智慧城市建设使城市中的各类传感器数量进一步大幅增长；机构管理运行数据，一般来自开放数据趋势下政府、企业自身的业务数据。

表 3-1 城市大数据类型

来源类型	举例
地图空间数据	兴趣点数据[①] 街景图片数据
互联网使用数据	社交媒体数据 网页阅览数据 搜索数据 用户上传的图像、音频、视频数据
通信、传感设备数据	手机通信、定位数据 道路交通传感数据 车载 GPS 定位数据 空气质量监测数据
机构管理运行数据	税收数据 行政处罚数据 企业注册数据

对应不同来源，大数据的采集方式也多种多样，常见方式包括以下几种。

从网站 API（application program interface，应用程序接口）下载：在

---

① Point of Interest，多指电子地图中与生活密切相关的空间实体，如公园、商铺、公共服务设施等。

开放数据趋势下，很多网站都提供了获取其部分数据的 API，如社交媒体网站的用户发布内容 API、电子地图网站的兴趣点信息 API 等。

从传感器采集：传感器是一类可采集周边环境中各种物理信息（如光线、声音、温度等）的装置，通过对这些物理信息的采集，可以获得城市管理所需的重要信息，如不同地点人流、车流量、违规事件等，研究和管理人员可根据需求在相关地点布置各类传感器，通过传感器的实时感应采集数据。

从开放数据库下载：如前文提到，在近年来的开放数据趋势下，越来越多的政府、企业、研究机构和民间组织开始提供各类开放数据集，如我国中央和许多地方政府都提供了专门的开放数据网站，提供数据下载功能。

通过协议获取：某些数据可能由于法律、商业等方面因素而无法公开，对于这类数据，研究人员和管理人员通常需要与数据持有者达成协议，在符合隐私保护等法律规定的前提下以合作、购买等形式获取。

通过上述各类方式采集的原始数据往往并不完美，可能存在数据缺失、记录错误，也可能因代表性、准确性、完整性不足而影响分析结果的可靠性，因此大数据采集完成后首先需要进行数据检查与清洗。根据内容与来源的不同，数据检查与清洗中所需关注的问题也需根据具体情况，从数据是否完整、数值是否合理、多源数据是否相互印证等角度对原始数据进行识别与处理。

3.1.3 大数据适用条件

2010 年以来，各类大数据在城市管理中的应用已经逐渐由新鲜事物演变为屡见不鲜的"新常态"，如今研究者和管理者已将应用大数据作为提升城市管理水平的必要途径。但也须注意，基于大数据的研究与管理实践需要切实将城市管理问题与大数据的特性相结合，以真正发挥大数据的优势、弥补传统数据的不足，而非陷入"为大而大"的误区。一些适于发挥大数据优势的典型情景如下。

（1）在传统数据环境下，某些现象或事物缺少对其进行描述的数据源，或是相关数据较为粗略或获取成本较高，而大数据能够以较低的成本提供所需的信息。

（2）由于被调查者的记忆偏差、隐瞒倾向等因素干扰，某些行为、思想、态度等信息难以通过传统调查方法准确地获取，而大数据可以直接或间接地揭示相关情况。

（3）传统数据往往更新较慢，难以捕捉某些现象在时间维度上的细微变化，而大数据可以实现更高频率甚至实时的更新。

（4）针对少数特定人群、现象的分析经常面临传统数据过于稀疏的困境，这限制了分析方法的有效性，而大数据的规模特性可为这类问题的分析提供更充足的样本和可能性。

虽然大数据具有多种优势，但数据量的增加并不一定等同于对问题对象更加精准的刻画。在这方面，大数据与问卷调查、行为实验等传统研究数据来源的关键区别在于，大数据来自于各类活动被动产生的数据痕迹，本身并未经过专门设计，这就导致大数据可能无法完美地匹配城市管理问题的分析需求。因为会受到数据产生与获取过程中各种因素的影响，所以大数据可能在代表性、准确性、完整性等方面存在偏差，进而影响其适用性。在大数据应用中需要对相关因素进行充分考察，典型问题包括以下几点。

（1）样本代表性：样本是否能够有效代表总体情况是数据分析中的典型问题，虽然大数据样本量较传统数据而言大幅增加，但其样本代表性问题仍然值得关注。例如，社交媒体等各类网站用户数据对老年人口、贫困人口等使用信息技术能力较低的人群代表性往往偏低，同时，各类网站的活跃用户与非活跃用户在人口与社会经济特征方面也可能存在系统性差异。因此，使用者需要结合所针对的问题，充分考察自身采用的数据集对不同人群、组织、事件等条件的代表性，必要时可采用一定的修正措施。

（2）信息准确性：大数据的产生过程往往比传统数据更为多样、环节也更为复杂，其中可能存在多种影响信息准确性的因素，较为简单的信息错误情形如传感器故障导致的错误记录、由于用户的不规范输入而无法被准确识别的社交媒体内容、可能存在原始录入错误的机构管理运行数据等。为预防这类情况发生，使用者需要对数据充分检查校核，并对错误信息予以剔除或修正。除此之外，由于产生过程的复杂性存在，大数据还可能包含更为深层、不易识别的信息偏差，如社交媒体所产生的信息可能受到平台本身规则的影响、搜索网站的关键词搜索量也可能受到网站提示词的影响，这些偏差导致数据并不能完全反映公众自然的行为模式[9]。

（3）采集完整性：在通过政府部门或企业等机构进行大数据采集时（如通过网站 API 进行数据下载），数据管理者出于隐私安全、商业利益等方面的考虑，可能仅提供其掌握的部分数据，使用者需要充分了解相关数据的分发规则，对所获取数据的完整性、对分析结果的影响进行评估。

3.2 感知挖掘的应用领域

在大数据的支撑下，城市管理领域对城市运行发展状态的监测方式已逐渐由基于统计调查数据的季度、年度感知转变为高频度、高精度的实时感知，乃至实现了对现实城市同步模拟的"数字孪生城市"。下文将从经济运行感知、人口社会感知、交通出行感知、能源环境感知以及市政服务感知五个模块对现阶段国内外在城市信息感知挖掘方面的研究与实践进行梳理。由于相关研究与实践仍处于快速发展阶段，故本书所做的梳理难以面面俱到，但笔者希望通过对其中一些典型场景与案例的介绍使读者对相关领域的发展现状得以了解。

3.2.1 经济运行感知

经济活动是城市得以兴起、繁荣的基础，也是城市管理的重点领域，各类新型数据以及挖掘方法很多都与经济运行感知有关，为城市经济运行感知提供了大量创新技术，更是在近年来大幅提高了城市经济运行感知的智能化水平。相关研究与应用所涉及的常见问题场景包括以下几个方面。

1. 企业经营

首先，各类工商、财税部门数据包含了反映企业经营状况的大量信息，在开放数据与智能化背景下，人们对这类政府管理数据的挖掘利用在不断增加，如对各类企业（特别是小微企业）的注册经营状况进行的监测、对城市不同片区的产业发展进行的监测、对企业经营痛点问题的挖掘、对营商政策效果的评估等。除这些直接反映企业经营的数据外，卫星图像、通信传感信息等反映城市空间中人、物状态的数据也能被用于挖掘企业的生产经营状况，并以更高的更新频率提供相关信息（图3-3）。例如，如今卫星对地表拍摄的图像已可达到厘米级别的高分辨率，且每天可拍摄数幅图像，而采用计算机视觉分析等技术可从这些卫星图像中识别出各类反映企业经营活动的物体或热红外信息，如工业区中露天放置的货物数量、来往货车数量、开工厂房数量、建筑工地施工情况等，借此可以对每天的企业真实生产经营状况进行评估（图3-4）[10]。再如，反映人群移动信息的手机定位数据与准确的企业地理信息相结合，也可被用于识别企业工人到岗数量、总人工工时等[11]。由于具有快速更新的优势，相关技术在城市经济遇到冲击的特殊时期可发挥尤为重要的作用，如在2020年新冠疫情平稳后的复工复产阶段，这类技术辅助我国多地政府对复工复产情况进行了密切监测[12]。

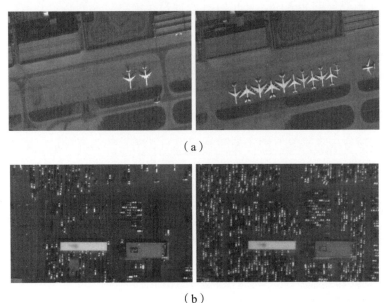

图3-3　从卫星图像中识别出的可反映经济运行的各类物体

（a）新冠疫情期间与疫情之后某机场飞机数量；（b）新冠疫情期间与疫情之后某停车场汽车数量

（来源：R. Minetto, M. Segundo, G. Rotich and S. Sarkar, "Measuring Human and Economic Activity From Satellite Imagery to Support City-Scale Decision-Making During COVID-19 Pandemic" in IEEE Transactions on Big Data, vol. 7, no. 01, pp. 56-68, 2021.）

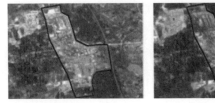  

2019年2月　　　　　2019年4月　　　　　2019年5月

图3-4　从遥感数据识别工业运行状况

（来源：参考文献[10]）

2. 居民消费

线上购物、电子支付等日常消费行为的数字化使城市居民的消费行为得以被数据充分地记录，这些信息可以被用于监测城市居民消费活力、消费偏好、物价水平等，为制定保障基本生活、刺激消费、营造城市活力方面的政策提供了精准依据。首先，线上购物网站和电子支付平台的消费数据可直接反映大量有用信息（如购物网站的商品价格可以反映物价水平、购买量可以反映消费活力等），但也须注意线上消费与线下消费行为之间可能在消费类型、消费水平、消费人群等方面存在系统性差异，完全以线上消费或支付数据反映整个城市的居民消费状况这一模式还需受到充分检验。在这方面，麻省理工学院斯隆商学院和哈佛商学院的两位教授曾进行过一项名为"十亿价格项目"（The Billion Prices Project）的大型研究，其采集了11个国家主要零售商近10万件商品的线上线下价格，并通过线上价格进行购买力平价计算，以此得出了与官方数据接近的评估结果，证明了线上商品价格在反映真实物价水平方面的准确性[13]。

同时，与对企业经营状况的分析挖掘类似，卫星图像、通信传感数据同样可被用于分析挖掘城市不同片区以及具体商业设施中的居民消费活动情况，如来自百度公司的一项研究就曾尝试通过手机定位数据识别不同商业区的顾客数量，并将之与公开的商业区营收数据相比对，发现通过手机定位数据识别的顾客数量可有效反映商业区的实际营收情况[14]；也有研究尝试通过识别卫星图像中的商业设施停车场车辆数量来评估商业设施的客流量，此方法已获得大量实践应用（图3-5）[15-16]。

图3-5　由卫星图像中的商业设施停车场车辆数评估客流量

（来源：参考文献[16]）

3.2.2 人口社会感知

城市中的人口数量、分布及其社会经济特征是城市管理所需的重要基础信息。虽然常规户籍登记与人口普查数据也包含以上信息，但这些登记信息与实际情况往往存在偏差，人口社会经济信息也较为粗略，更新速度更是会经常性地无法满足智能化城市管理的需求，对此，各类新型数据可以提供有效补充。随着城市管理精细化水平的提高，相关研究与应用不断出现，其可大致分为以下几个方面。

1. 人口分布

掌握人口在城市中的分布情况是制定城市产业、住房、公共服务等规划以及组织日常管理工作的重要基础，如上文所述，常规户籍登记与人口普查数据中的人口分布信息可能与实际情况存在一定偏差，而以手机信令数据为代表的反映城市人群活动的新型数据则可以更真实地体现这一信息，并能够统计精细至每小时乃至每分钟的人口分布变化。2006年，麻省理工学院的 Carlo Ratti 等人率先使用手机信令数据对意大利米兰的人口分布进行实时监测，之后又以波士顿为对象进一步对足球比赛、音乐会等公共活动参与人群的居住地点分布特征进行了分析，为城市大型活动中的人流管理提供了数据支撑[17-18]。2010年后，相关研究大量涌现，如今手机信令等新型数据源已被一些城市视为一项重要的统计数据来源（图3-6）[19]。

2. 人口社会经济特征

更进一步讲，新型数据中蕴含的各类人群活动信息也可以在一定程度上反映出人口年龄、职业、贫富水平、生活方式等方面的信息，挖掘此类数据可以实现对城市人口社会经济特征及其空间分布的详细刻画，获得比传统户籍与普查数据更为准确、多维、及时的人口画像。例如，《科学》杂志曾发表过一项研究，采用机器学习模型对手机通话、收发短信的频率、时间、联络对象以及基站定位等信息进行挖掘，以卢旺达为案例成功识别手机用户的贫富状况，实现了与实地调查信息的高度拟合[20]（图3-7）。除手机数据之外，各类城市生活消费服务信息也可以反映相关地点的居民社会经济特征，如《美国科学院院刊》曾发表研究，采用大众点评网站的餐厅类型、评分、人均消费等信息，以街道为单元对我国多个城市的人口消费能力进行识别，实现了较高的识别准确度[21]。

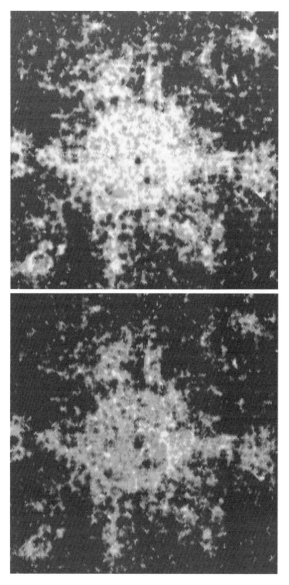

图 3-6 由手机信令数据得到的北京不同时间人群分布
（上图为日间人群分布，下图为夜间人群分布，颜色越浅代表人群密度越高）

笔者曾采用大众点评网站信息以北京为案例对反映人口社会经济特征的餐饮文化分布情况进行可视化分析。研究首先下载了大众点评网站的全部北京中心城区餐厅信息，包括餐厅的地址、菜系、推荐菜等内容，在此基础上研究汇总了所有餐厅的推荐菜目，通过词频分析筛选出了出现频率最高的 20 道菜，并对提供这 20 道菜的餐厅位置进行地图可视化。

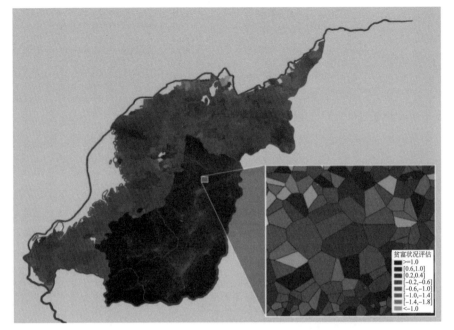

图 3-7 由手机使用数据得到的卢旺达贫富状况高精度评估
（来源：参考文献 [20]）

这一系列餐饮地图反映了不同价格和消费属性的菜品在城市中分布的空间异质性，如档次相对较高的高价菜品在中央商务区和望京商务区等城市片区更为集中，而高校聚集区和一般居住区的流行菜品也有所不同（图 3-8）。

3. 人群社会联系

新型数据还可以被用于探索城市内人与人之间的社会联系，为城市社会治理提供依据，如社交网站的好友关系、留言互动等数据可以被用于挖掘城市人群的社交关系网络、城市不同片区之间的人群社交联系乃至社交联系对人群思想观念的影响；再如手机电话通信数据也可以从另一角度反映个体之间的社会关系。这类信息都是传统数据所难以表现的。相关研究如 Carlo Ratti 等人基于英国全境一个月内的 120 亿次通话数据对不同地点之间的人群互动进行了研究，并根据这些人互动的密切程度对英国的地理空间重新进行了组团划分（图 3-9）[22]；Schlaepfer 等人基于英国和葡萄牙的通话数据研究了城市规模与人群互动强度的关系，发现规模越大的城市人群互动强度也越高，其分析结果可以为城市创新、传染病防控等涉及人群互动的城市管理问题提供基础规律支撑 [23]；在新冠疫情期间，Johnson 等人基于脸书网站中一亿名用户的推文数据分析了对待新冠疫苗的不同观点如何在社交媒体中进行传播并影响人们的态度，此研究结果可以为相关宣传政策的制定提供依据（图 3-10）[24]。

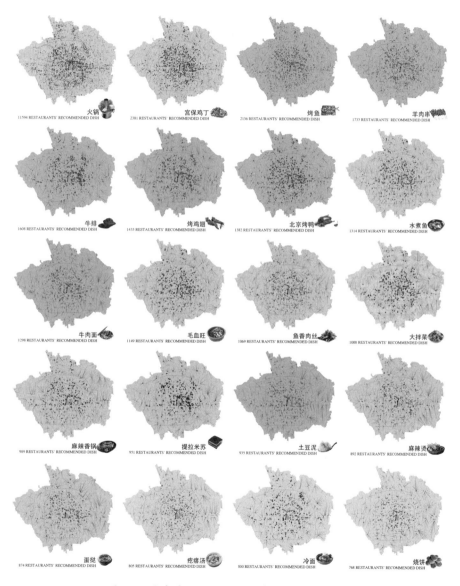

图 3-8　北京最流行的 20 道菜在全市餐厅的分布

彩图 3-8

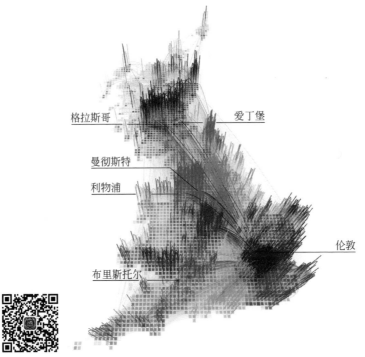

彩图 3-9　　图 3-9　由通话数据得到的英国地区间联系状况

（来源：参考文献 [22]）

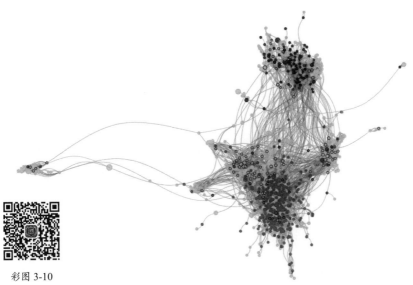

彩图 3-10

图 3-10　对新冠疫苗持不同态度的推文信息在全球的传播情况（红色点代表疫苗相关负面信息，蓝色点代表疫苗相关正面信息，绿色点代表态度不明确的信息，可以看到负面信息在"态度不明"群体中的嵌入与干扰）

（来源：参考文献 [24]）

3.2.3 交通出行感知

高效地组织大规模人口的交通出行是当代大城市所面临的一项关键挑战，交通出行中存在的问题也与交通拥堵、空气污染、能源浪费、慢性病高发等多种"城市病"紧密相关。为掌握城市的交通出行状况，在大数据时代之前，交通管理部门就已形成多种相关数据采集机制，包括定期开展专门的城市居民出行调查，记录一定时间内被调查者的出行轨迹、出行目的与交通方式等，以了解居民的出行活动情况；在主要路口部署传感设备，监测不同路段交通流量等。如今，手机信令、车载 GPS 等定位技术产生的大数据使管理者和研究者可以更为精细、完整地掌握城市中的人、车出行状况并挖掘其中的规律与问题，目前相关研究与应用可大致分为以下几种类型。

1. 出行行为感知

对城市居民出行行为的精准把握是制定城市交通高效管理策略的重要基础，传统的居民出行调查往往存在样本数量有限、更新不及时、被调查者回忆有偏差等问题，而各类新型数据调查方式则可以为传统数据调查提供有利补充。因此，如何从手机信令、车载 GPS 等原始数据中提取出居民出行行为关键信息是需要探索的首要问题。相关技术包括对停留地点、居住地点、工作地点的识别以及出行链识别、出行目的识别、交通方式识别等[25]。例如，笔者曾采用手机信令数据对城乡职住联系展开研究，基于时长一周的中国联通成都用户信令数据识别出成都农村地区存在大量"乡 - 城通勤"行为（图 3-11）。研究首先根据晚九点到次日早七点的用户停留位置识别出 119.2 万农村居民。其次根据早八点至下午五点间的长时间停留位置以及用户年龄识别出农村劳动人口的工作地点。在此基础上，研究对成都都市圈农村居民的职住地点联系进行可视化呈现。最后展现出城市化背景下都市圈农村居民存在大量农村居住、城市就业的"乡 - 城通勤"行为[26]。

此外，打车、共享单车、健身跑步类 App 等服务于特定出行方式的网络平台也可以提供大量反映相应出行行为的数据，如打车出行的起讫地点与路线分布、单车出行的路线选择等，这些数据可以为管理相关交通问题、提升出行体验提供依据（图 3-12，图中颜色越亮表示长跑人群出现越多）。

网格内的本地工作人群数量　　　　网格间的职住联系
（与圆圈半径成正比）　　　　　　（强度与线宽成正比）

图 3-11　基于手机定位数据的成都农民职住出行识别

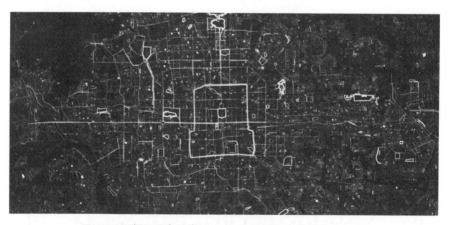

图 3-12　基于健身跑步 App 的北京市民跑步路线可视化
（来源："Keep"官方网站）

2. 出行规律挖掘

一些研究还利用大规模的个体出行轨迹信息对城市出行行为的基础规律进行了探索。例如，González 等基于 10 万手机用户为期 6 个月的信令定位数据发现人们的出行轨迹具有高度时空规律性，如从定位数据开始时间算起，往往观测到的用户出行范围在一定时间后便几乎不再扩大，这说明人们倾向于在一个相对固定的空间范围内选择出行目的地[27]；

Song 等基于 300 万手机用户为期一年的信令定位数据与 1000 名用户为期两周的某位置服务软件数据，发现人们的出行行为可分为"探索"（探索新地点）与"偏好返回"（再次访问以前经常访问的地点）两种类型，通过对这两个基础行为机制的建模可有效模拟人群出行行为的内在规律[28]。这类研究试图透过交通活动的复杂表象探索其中的根本规律，虽然其往往不针对具体管理问题，但也可以为制定相关策略提供基础理论支撑。

3. 交通问题识别

上述城市居民出行行为最终将体现为各类城市交通基础设施的负载，并可能产生道路拥堵等一系列交通问题。基于近年来出现的大量人、车定位数据，数据挖掘领域学者就如何从人、车移动轨迹中识别交通事故、交通拥堵等重要交通事件展开了大量技术研究，其中的技术环节包括对定位数据的清洗、组织、对缺失数据的处理、对移动轨迹模式的识别、对交通事件的识别等，这类新型数据与相应的挖掘技术使管理部门得以快速、全面地掌握城市交通运行状况与出现的各类事件问题[29]。在此基础上，也有研究进一步对各类交通问题的成因进行了挖掘，如微软亚洲研究院根据 2009—2010 年北京三万辆出租车的行驶轨迹数据，通过计算城市片区间的车辆流量、路线长度与行驶速度并应用多种数据挖掘方法，识别出北京若干路网规划不合理的片区（图 3-13），颜色越深代表

图 3-13　根据出租车轨迹识别出的路网不合理区域

（来源：参考文献 [30]）

被识别为不合理的次数越多[30]。此外，对交通违章行为的自动识别也是识别交通问题的重要领域，结合从道路摄像头采集的图像数据与计算机视觉算法，可以对违章变道、危险驾驶、车辆超载等违章行为进行自动化识别与处理，这一技术已被广泛应用于智能化交通管理实践。

3.2.4 能源环境感知

能源与环境问题是21世纪以来全球社会经济发展的热点议题，节能、环保、低碳等目标的落实已成为当前国内外大量城市政府的关注重点。与前文涉及的管理领域相比，能源与环境问题的工程属性更强，相关领域具有成熟的数据采集与分析方法体系，下文将主要就智能化背景下城市能源消耗与环境质量感知挖掘的新趋势进行简要介绍。

1. 能源消耗

城市生活中的能源消耗主要来自于交通出行与建筑使用，其中交通出行能耗可在上一节交通出行感知挖掘的基础上进行分析，建筑使用能耗则可通过电网、燃气等市政公用系统获取。近年来逐渐推广的智能电网（smart grid）、智能电表（smart meter）技术可以实时收集每户居民的用能数据，进一步提升相关数据的精细度，支撑精细化的市民能源使用行为感知与相关政策制定。例如，挖掘智能电表实时记录的用能数据，可以得到各类家用电器的使用时间及背后的居民用能行为习惯，为制定分时电价等政策提供依据；结合季节、天气乃至建筑年代、建设标准等建筑性能数据，可进一步识别家庭使用能源的影响因素并对能源需求波动进行预测[31]。目前，国内外城市已大规模推广智慧电网建设，据欧盟统计，到2024年，欧盟范围内将安装2.25亿部智能电表及5100万部智能燃气表，采用智能计费量表的用户将分别占全部电力及燃气用户的77%和44%[32]。

2. 环境质量

城市环境质量涉及空气、水体、噪声等多个方面，相关数据来源与采集方式更为多样，除环保、气象等部门设立的常规监测站点外，还可以通过各类灵活布置的环境传感设备进行更为丰富的城市环境信息采集。如麻省理工学院感知城市实验室开发了安装在自行车轮上的空气质量传感器，可随自行车的骑行随时收集空气质量信息并上传网络，大幅扩大了空气质量感知的取样范围[33]；也有城市将传感设备与路灯相结合，形成了遍布全市的空气质量传感网络[34]。此外，还有对其他间接数据来源进行挖掘的研究，如贝尔实验室的研究人员通过对社交媒体内容的语义分析，识别了城市不同地点的气味特征，形成了反映大众细节体验的城市气味地图（图 3-14，颜色越深表示植物自然气味越浓）[35]。

图 3-14　通过社交媒体内容挖掘绘制的伦敦气味地图
（来源：参考文献 [32]）

彩图 3-14

针对北京的城市环境质量问题，笔者曾与合作者开展北京 $PM_{2.5}$ 污染十年演变的可视化分析工作，通过收集北京环境保护监测中心公布的每小时空气污染指数（包括 $PM_{2.5}$ 浓度、PM_{10} 浓度、臭氧浓度、二氧化硫浓度等）[①]，计算 2008—2017 年北京每日 $PM_{2.5}$ 平均浓度，并进行了数据可视化。这项工作直观地呈现出北京市十年间 $PM_{2.5}$ 污染的演变历程——从 2008—2012 年逐步加重，在 2011—2012 年达到高峰，2012 年后由于各类治霾措施的落实而明显得到改善（图 3-15）[36]。

---

① 北京市生态环境监测中心网站。

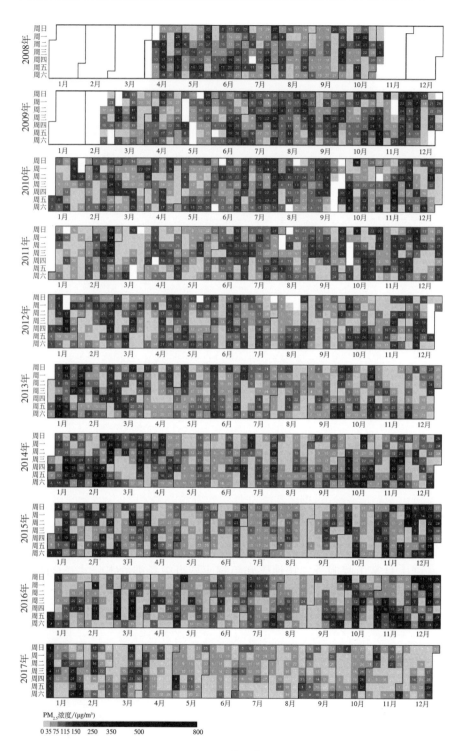

图 3-15　2008—2017 年北京市每日 PM$_{2.5}$ 浓度可视化

3.2.5 市政服务感知

市政服务是城市管理部门与市民直接互动的重要窗口，也是满足市民生活切身需求的重要途径。传统的市政问题分析主要依靠管理人员的工作经验与简单的行政信息汇总，在智能化趋势下，随着越来越多线上市政服务平台以及其他反映城市物质环境与人群行为的新型数据出现，如今管理部门可以多维、精细地对市政服务需求与问题进行感知挖掘。下文将从日常服务与突发事件两个方面对相关研究与实践进行介绍。

1. 日常服务

与前述四个领域相比，日常市政服务涉及的内容更为繁杂，可包括市容卫生、设施维护、纠纷处置等各个方面，难以通过某一类或有限几类间接数据实现全面感知，因此直接采集市民的意见是感知市政服务的重要途径。我国城市的12345热线近年来在城市管理中发挥了越来越重要的作用，以上海12345热线为例，仅2021年一年就收到市民诉求125万件①。类似平台还包括政府网站留言板块等，以北京市政府网站为例，2021年共收到公众来信29.5万份②，形成了由市民共同参与的众包式市政服务问题感知网络。一些国外城市还开发了手机应用程序用于报告市政设施故障、潜在危险或投诉建议，如维也纳推出了名为Sag's Wien的市政问题报告程序③、波士顿推出了名为BOS:311的类似程序④等。在上述市民众包感知的基础上，可对所形成的市政服务诉求数据做进一步分析，如分析诉求内容文本识别市政服务面临的主要需求与问题及其在城市不同片区的分布等（图3-16、图3-17）[37]。

2. 突发事件

除了日常市政服务，快速感知与响应城市中各类危害公共安全的突发事件也是智能化技术的重要应用领域，包括感知与响应地质灾害、气象灾害、生产事故等。突发公共安全事件的发生往往会引起城市物质环境的破坏或人群行为的异常，因此城市公共场所的摄像视频以及各类卫星或航拍图像可为感知城市突发事件提供大量信息。如在智慧城市的先

---

① 上海市民服务热线官网。
② 北京市人民政府门户网站。
③ Smartcity 官方网站。
④ City of Boston 官方网站。

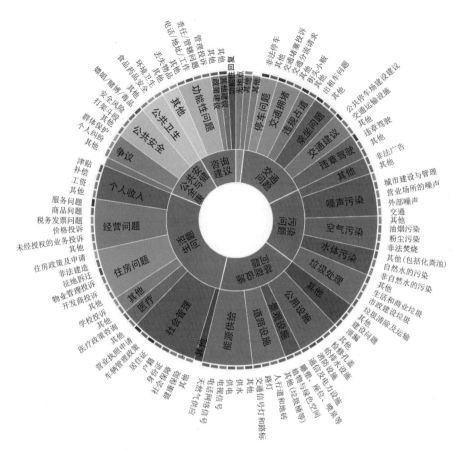

图 3-16　基于三亚市 12345 热线数据识别的市民诉求问题类型
（来源：参考文献 [37]）

行者巴西里约热内卢，其智慧控制中心安装有一部大型监控屏幕，可显示来自全市 900 多个摄像头的视频影像，由几十名工作人员对诸如洪水、山体滑坡、管道泄漏等突发事件做出识别，并在灾害发生的第一时间通知受影响的居民[38]。多家企业与研究机构进一步开发了根据上述视频图像数据自动识别突发事件的计算机视觉算法，可以大幅提升管理部门对突发事件的感知与应急处理能力。此外，随着社交媒体成为公众信息传播的主流途径，挖掘社交媒体推文内容也可以成为突发事件感知的重要方式。其他感知方式还可包括人群活动轨迹挖掘、各类传感数据挖掘等。

上篇　理论方法　55

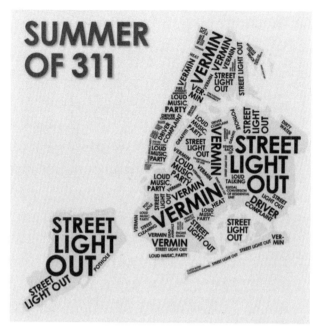

图 3-17　2012 年 6—8 月纽约 311 投诉热点问题分布可视化
（来源：纽约大学 Furman center 官网）

3.3　讨论：感知的可能与限度

本章梳理了基于多源数据感知城市运行状态的国内外研究与实践，并分析了挖掘城市数据所涉及的多学科理论方法。由于相关研究实践内容庞杂且更新迅速，受篇幅所限，本章仅做概览性介绍。可以看到，随着科技水平的整体提升以及跨领域知识整合度的提高，城市数据的来源与分析处理方法不断得到扩展，极大地拓展了城市管理的方法库和可能性。但也需注意，虽然这一领域的前景引人畅想，但城市信息感知的深度、广度与准确度也在很大程度上受到技术水平、资金时间成本、制度壁垒以及社会伦理等因素的限制。

研究新型数据的长期任务是通过多源数据更好地理解城市发展历程。例如，通过高质量的、每日更新的遥感图像，可以观察到城市形态每日的微小变化，如一根天线的出现等，积累很多年后，人们就可以观察到城市的演进历程。再如，交通模型可以具体到以天或周为单位，模拟人们每天或每周的出行变化，也就是说，城市的模拟规则可以更加具体而精细，这种以"天/周"为单位的模型在某些领域已经存在，如飞机流量控制就需要每天更新交通流量数据以维持系统运转。目前，人们需要将这类研究工作扩展到更多领域，最终形成城市发展的整体图景。此外，人们还需要发展更多好的工具方法以从数据中提取有用的信息，事实上，上述要素大多都已经存在，但尚未被真正结合起来，这需要大量的人力与资金，但它将使城市管理更加理性与高效。

首先，新型数据的代表性已为学界广泛讨论——这与大部分新型数据的高技术属性有关——大量来自于手机、互联网以及新科技产品积极使用者的数据可能会导致其在人群代表性方面存在偏差。例如，基于社交网络数据、网络搜索数据等进行的分析都相当于基于互联网用户的调查，而对于非互联网使用者（如大多数老年人、少年儿童和因贫困没有能力购买电子产品的人）来说，网络数据则很难将之覆盖[39]。再如，在哥本哈根自行车轮传感器的案例中，安装该传感器的往往是对新科技产品较为敏感的人群，因此车轮随使用者骑行所收集到的污染信息也会更偏重于这类人群经常光顾的城市区域。此外，安装和升级某些数据采集设备需要大量资金投入，采集设备数量往往难以一次性覆盖整个城市，因此其选点布局也将对所收集数据的代表性产生影响。

其次，即使是比传统数据更为开放的新型数据，其来源也往往分属于不同政府职能部门或企业（如某些互联网巨头），一些数据还涉及巨大的商业价值和公民隐私问题，因此，目前城市的各种数据大多被条块管理体制分割为信息孤岛，难以得到有效利用。如何在不触犯社会伦理的前提下促进社会各部门相互合作，实现数据有效开放与整合，将大数据中丰富的价值转化为城市发展的巨大动力？这是一个有待探索的问题[40]。

最后，某些城市现象的形成与表现之间具有一定的时间滞后性，如大型公众集会中的拥挤事故一般会经历一段时间的发展加剧过程。当相关问题在感知数据上得到明显体现时，往往已错过采取管理措施予以调控应对的最佳时机。挖掘数据体现的深层信息、从细微变化中发觉趋势的形成，这不仅需要高速度、高流量和多样化的数据来源，更需要恰当使用数据处理算法。虽然在新型数据的应用早期，简单的描述性统计和可视化输出传递出的信息已令人感到足够丰富新颖，但在识别初期的表层现象过后，对数据所蕴含的深层模式以及数据所折射的未来趋势的挖掘就显得更为关键。本书第 4 章将就构建反映城市系统运行机制的城市模型及基于模型模拟的城市政策评估方法进行探讨，梳理常态与应急管理痛点需求，以期切实发挥智能技术优势。

目前，各地的智慧城市建设往往内容繁多，经常覆盖十几种至几十种应用场景大类，具体技术功能可达几百种乃至上千种，这一方面体现了各地智慧城市建设的创新成就，但另一方面也应引起人们的思考——在成百上千种的智慧城市管理服务功能中，到底有多少切实解决了人民群众城市生活的痛点问题？又有多少切实提升了政府城市管理的科学决策水平与效率？在 2021 年 7 月的郑州京广路隧道事故中，集中体现为"智慧隧道"的诸多技术功能无一在事故预警、处置、救援中发挥明显作用。诚然，这与本次灾害的极端性有关，但其也对各类智慧建设的实际效能提出了警示。因此，未来智慧城市建设应认真梳理城市常态与应急管理的痛点与需求，甄别真正的管理痛点与"不痛不痒"的伪需求，遴选真正与需求相适配的技术路径，避免无效建设与资源浪费，切实发挥智能技术优势。

参考文献

[1] SINTEF. Big Data, for better or worse: 90% of world's data generated over last two years[EB/OL]. (2013-05-22)[2022-03-01]. https://www.sciencedaily.com/releases/2013/05/130522085217.htm.

[2] Internet Live Stats. Retrieving data of internet live stats[EB/OL]. (2014-09-16) [2022-04-16]. https://www.internetlivestats.com/.

[3] BUYALSKAYA A, GALLO M, CAMERER C F. The golden age of social science[J]. Proceedings of the national academy of sciences, 2021, 118 (5): e2002923118.

[4] FISHER D, DELINE R, CZERWINSKI M, et al. Interactions with big data analytics[J]. Interactions, 2012, 19 (3): 50-59.

[5] GARTNER. Information technology glossary[EB/OL]. [2022-04-16]. https://www.gartner.com/en/information-technology/glossary/big-data.

[6] DIJCKS J-P. Oracle: big data for the enterprise[R]. 2012.

[7] BOYD D, CRAWFORD K. Critical questions for big data: Provocations for a cultural, technological, and scholarly phenomenon[J]. Information, communication & society, 2012, 15 (5): 662-679.

[8] MERGEL I, RETHEMEYER R K, ISETT K. Big data in public affairs[J]. Public administration review, 2016, 76 (6): 928-937.

[9] LAZER D, HARGITTAI E, FREELON D, et al. Meaningful measures of human society in the twenty-first century[J]. Nature, 2021, 595 (7866): 189-196.

[10] 自然资源部科技发展司. 自然资源部卫星遥感应用报告 (2020 年)[R]. 2021.

[11] MATHESON R. Measuring the economy with location data[EB/OL]. (2018-03-27)[2022-04-17]. http://news.mit.edu/2018/startup-thasos-group-measuring-economy-smartphone-location-data-0328.

[12] 中国联通大数据. 全国复工复产分析报告 [R]. 2020.

[13] CAVALLO A, DIEWERT W E, FEENSTRA R C, et al. Using online prices for measuring real consumption across countries[J]. AEA Papers and Proceedings, 2018, 108: 483-487.

[14] DONG L, CHEN S, CHENG Y, et al. Measuring economic activity in China with mobile big data[J]. EPJ data science, 2017, 6: 1-17.

[15] LOTT C. Assessment of retail parking lots using remote sensing[EB/OL]. (2021-04-08)[2022-04-17]. https://storymaps.arcgis.com/stories/0c5acd83794b4a2fad13255eb1c63b47.

[16] KATONA Z, PAINTER M, PATATOUKAS P N, et al. On the capital market consequences of

alternative data: evidence from outer space[C]//9th Miami Behavioral Finance Conference. 2018.
[17] CALABRESE F, PEREIRA F C, LORENZO G D, et al. The geography of taste: analyzing cell-phone mobility and social events[C]//International Conference on Pervasive Computing Springer: Berlin, Heidelberg, 2010: 22-37.
[18] RATTI C, FRENCHMAN D, PULSELLI R M, et al. Mobile landscapes: using location data from cell phones for urban analysis[J]. Environment and planning b: planning and design, 2006, 33 (5): 727-748.
[19] 北京市统计局. 北京市统计局人口动态监测调查项目. (2018-10-26)[2022-04-17]. http://www.ccgp-beijing.gov.cn/xxgg/sjzfcggg/sjdygg/t20181026_1043014.html.
[20] BLUMENSTOCK J, CADAMURO G, ON R. Predicting poverty and wealth from mobile phone metadata[J]. Science, 2015, 350 (6264): 1073-1076.
[21] DONG L, RATTI C, ZHENG S. Predicting neighborhoods' socioeconomic attributes using restaurant data[J]. Proceedings of the national academy of sciences, 2019, 116 (31): 15447-15452.
[22] RATTI C, SOBOLEVSKY S, CALABRESE F, et al. Redrawing the map of Great Britain from a network of human interactions[J]. Plos one, 2010, 5 (12): e14248.
[23] SCHLÄPFER M, BETTENCOURT L M A, GRAUWIN S, et al. The scaling of human interactions with city size[J]. Journal of the royal society interface, 2014, 11 (98): 20130789.
[24] JOHNSON N F, VELÁSQUEZ N, RESTREPO N J, et al. The online competition between pro- and anti-vaccination views[J]. Nature, 2020, 582 (7811): 230-233.
[25] JIANG S, FIORE G A, YANG Y, et al. A review of urban computing for mobile phone traces: current methods, challenges and opportunities[C]//Proceedings of the 2nd ACM SIGKDD International Workshop on Urban Computing. 2013: 1-9.
[26] GAO X, LIU L, ZHUANG J, et al. The commuting rural labour forces revealed by mobile phone trace data[J]. Environment and planning a: economy and space, 2019, 51 (8): 1611-1614.
[27] GONZÁLEZ M C, HIDALGO C A, BARABASI A-L. Understanding individual human mobility patterns[J]. Nature, 2008, 453 (7196): 779.
[28] SONG C, KOREN T, WANG P, et al. Modelling the scaling properties of human mobility[J]. Nature physics, 2010, 6 (10): 818-823.
[29] ZHENG Y, ZHOU X. Computing with spatial trajectories[M]. Berlin: Springer Science & Business Media, 2011.
[30] ZHENG Y, LIU Y, YUAN J, et al. Urban computing with taxicabs[C]//Proceedings of the 13th International Conference on Ubiquitous Computing. 2011: 89-98.
[31] DIAMANTOULAKIS P D, KAPINAS V M, KARAGIANNIDIS G K. Big data analytics for dynamic energy management in smart grids[J]. Big data research, 2015, 2 (3): 94-101.
[32] European Commission. Smart grids and meters[EB/OL]. [2002-04-17]. https://energy.ec.europa.eu/topics/markets-and-consumers/smart-grids-and-meters_en.
[33] MIT Sensable City Lab. The Copenhagen Wheel[EB/OL]. (2009-12-15)[2022-04-17]. https://senseable.mit.edu/copenhagenwheel/.
[34] ADLER L. How smart city Barcelona brought the internet of things to life. (2016-02-18)[2022-04-17]. https://datasmart.ash.harvard.edu/news/article/how-smart-city-barcelona-brought-the-internet-of-things-to-life-789#lauraadler.
[35] QUERCIA D, SCHIFANELLA R, AIELLO L M, et al. Smelly maps: the digital life of urban smellscapes[C]//Ninth International AAAI Conference on Web and Social Media. 2015, 9 (1): 327-336.
[36] LIU L, SILVA E A, LIU J. A decade of battle against $PM_{2.5}$ in Beijing[J]. Environment and planning a: economy and space, 2018, 50 (8): 1549-1552.

[37] PENG X, LI Y, SI Y, et al. A social sensing approach for everyday urban problem-handling with the 12345-complaint hotline data[J]. Computers, Environment and Urban Systems, 2022, 94: 101790.

[38] JANE W. Tomorrow's cities: how big data is changing the world[EB/OL]. (2014-09-01)[2013-08-27]. http://www.bbc.com/news/technology-23253949.

[39] 杨振山, 龙瀛. 大数据对人文—经济地理学研究的促进与局限[J]. 地理科学进展, 2015, 34(4): 410-417.

[40] 潘云鹤. 中国城市发展的三个重要问题[J]. 决策探索, 2016 (4): 14-15.

第4章 系统模拟与优化

纵观城市管理科学的发展历史，从对城市现象的记载、描述，到对其进行归纳、总结，再到对事物关系的描述以及以复杂系统的观点看待城市，其发展经历了从静态到动态、从局部到整体、从认知现实到预判未来的过程。在这样的发展规律下，城市模型在城市管理科学中逐渐成为一个重要分支。城市模型是在对城市系统进行抽象和概念化的基础上对城市中各类现象与过程的抽象数学表达，是科学理解与预测城市社会、经济、物质空间变化的重要工具，可以为城市政策的制定和评估提供可行的技术支持。

4.1 城市模型的早期发展

4.1.1 高潮与困境

对城市模型的研究始于20世纪初叶，直到20世纪50年代中期是城市模型发展的初级阶段，一些学者尝试以抽象模型的形式描述城市形态与功能结构（图4-1），如伯吉斯提出的城市土地利用同心圆模式（concentric ring model）①[1]、克里斯塔勒提出的中心地理论（central place theory）②[2]、霍伊特提出的土地利用扇形模式（sector model）③[3]，以及哈里斯和厄尔曼提出的土地利用多核心模式（multiple nuclei model）④[4]等。

---

① 伯吉斯通过观察20世纪20年代的美国芝加哥，基于一系列假设提出了城市土地利用环绕市中心呈同心圆带向外扩展的结构模式。最内层的同心圆（也就是城市核心地区）是商业中心区，往外依次为混合了商业和住宅的过渡地带、工人住宅区、中产阶级住宅区和通勤带。

② 克里斯塔勒出于对"城市为何有大有小、受何种原则支配"这一问题的探索，通过对德国南部城镇的调查建立了中心地理论。在该理论中，"中心地"指为向居住在它周围地域的居民提供各种货物和服务的地方。基于生产者和消费者的理性行为等一系列假设，克里斯塔勒推导出了在理想地表上的聚落分布模式和中心地结构。

③ 扇形模式是对伯吉斯同心圆模式的修正，由霍伊特通过对美国142个城市的用地功能分布和地价分析而得出。扇形模式认为租金高的市区多数是在城市外围的一个或若干个扇形地带或1/4的地区。

④ 多核心模式认为大城市不是围绕单一核心发展起来的，而是会存在多个中心。多核心的形成受城市各类功能区位选择的四个原则影响：①某些活动需要某种特定的区位条件；②有些活动受益于位置的相互接近；③某些相互妨碍的活动应避免同时存在；④有些活动会因负担不起理想场所的费用而被布置在其他位置。

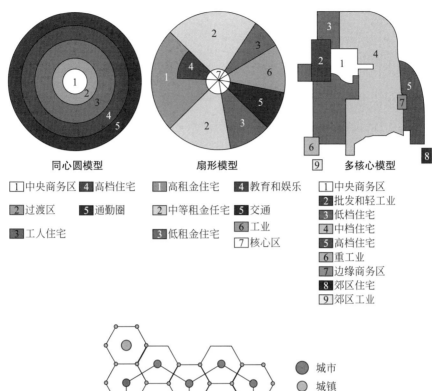

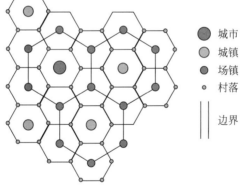

图 4-1 早期城市静态模型示意图

20 世纪 50 年代末计算机的出现和推广为城市模型的建立带来了新的生机，20 世纪 60—70 年代是城市模型研究的第一次高潮，出现了以劳瑞模型（Lowry model）[①] 和阿隆索地租模型（bid rent model）[②] 为代表

---

① 劳瑞模型是最早的土地与交通交互模型之一，为美国匹兹堡地区开发。劳瑞模型将人们的日常行为分为三类：基础部门活动（basic or export sector）、服务部门活动（non-basic or residentiary or retail sector）和家庭活动（household sector），不断模拟人们就业和选择家庭住址的行为直至收敛。

② 阿隆索地租模型认为，个人和企业作为城市土地需求者会对土地做出估价并为得到土地而相互竞价，不同的使用目的对应的竞租曲线形状不同，对每块土地出价最高的竞租者将获得土地。

的空间交互模型、土地与交通交互模型（land use transport interaction，LUTI），并被应用于城市发展政策评估[5-8]。此后，由空间经济学与LUTI模型框架的结合又产生了以MEPLAN模型①[9]和TRANUS模型②[10]为代表的一类空间均衡模型（spatial equilibrium models）[11]，但当时应用于政策实践层面的城市模型仍以静态模型为主。

从20世纪90年代开始，计算机硬件技术的进步、人工智能等相关领域的发展以及地理信息系统（geographical information system，GIS）的日益成熟推动了城市动态模型的发展，出现了元胞自动机（cellular automata）模型③（图4-2）、基于个体建模（agent-based modelling）模型④、空间非均衡模型等。

图4-2 元胞自动机模型示例——徐州市沛县城市空间发展模型[12]
（黑色方格为城市建成区，灰色为农村地区）

从当时模型研究者的所在国家与机构分布看，美国在城市模型领域起步较早，宾夕法尼亚大学（University of Pennsylvania）可以被称为"城市模型的故乡"，其在20世纪50—70年代就开展了许多研究，如哈

---

① MEPLAN模型是由任职于剑桥大学建筑系的埃切尼克等开发的空间投入产出模型。
② TRANUS模型由MEPLAN模型演化而来。
③ 元胞自动机是一类模型的总称，或者说是一个方法框架。它由无限个方格组成，每个方格均处于一种有限状态，每个方格于t时的状态遵从一定转换规则由$t-1$时该方格及其"邻居"网格的状态演进而来。
④ 基于个体建模是一种能够模拟具有自主意识的智能体（独立个体或共同群体）的行动和相互作用的计算模型，它通过模拟多个智能体的同时行动和相互作用以再现和预测某些复杂现象。

理斯曾开发 Penn-Jersey 交通模型[13-14]，阿隆索也是在该校取得的博士学位。英国起步略晚，主要出现过五六组从事相关研究的团队。20 世纪 70 年代初，雷丁大学（University of Reading）曾开展过城市模型研究，到 20 世纪 70 年代末，剑桥大学（University of Cambridge）和利兹大学（University of Leeds）则成为了研究主力，至今仍是如此。利兹大学的研究更侧重于空间分析，而剑桥大学则一直侧重于对 MEPLAN 模型的开发与应用。伦敦大学学院（University College of London）的高级空间分析中心（The Bartlett Centre for Advanced Spatial Analysis）在经历了约 20 年发展后也成为了一支强大的定量分析和城市模型研究团队。除此之外，在英国乃至世界各地还存在一些学者和机构从事类似工作，如开发 TRANUS 模型的委内瑞拉 Modelistica 公司还为智利圣地亚哥开发了 MUSSA 模型[15]。

从模型涉及的内容来看，早期城市模型的模拟更侧重于对交通系统而非城市社会经济发展状况，这与英、美两国的城市发展历程有关，20 世纪 60 年代，城镇化和机动化的快速同步发展为英美社会带来了巨大挑战，这一状况突出反映在 1963 年的布坎南报告①中。为应对这些挑战，接受过充分数学建模训练的交通工程师们开展了大量交通模拟工作[16]。英、美两国都拥有强大的交通部门和交通研究机构，更为侧重交通规划和相关工程设计，典型的研究机构如 20 世纪 60 年代加州大学伯克利分校（University of California, Berkeley）的交通研究组以及伦敦帝国理工学院（Imperial College London）的交通研究中心。其中，伯克利的研究人员以劳瑞模型为基础，针对旧金山湾区开发了多个交通模型，如 20 世纪 80 年代末兰迪斯开发的 CUF 和 CUF-2 模型②[17-18]等。

在 20 世纪 60—70 年代城市模型研究的高潮中，种类繁多的城市模型被开发问世并应用于政策分析，包括城市更新、税收政策、交通建设、基础设施建设、区划政策、住房政策、抵押贷款政策、反歧视政策、就业政策等[19]。但在经历一番尝试后，城市模型却未能在解决实际问题时体现出显著效果，因而其方法论受到了来自社会学者、政治经济学者等的批判，城市模型研究的热潮也随之减退。

---

① "布坎南报告"全名为《城镇交通：城市地区长期交通问题的研究》，由英国建筑师、土木工程师、城市规划师柯林·布坎南爵士率领规划、交通、建筑及土木工程等各个方面的专家学者编著完成。报告提醒人们要认识到交通发展可能带来负效益，并提出了一系列缓解措施。

② CUF 模型全称为 California Urban Futures Model。

4.1.2 "不确定性"的挑战

归结早期城市模型模拟结果不佳的主要原因，在于城市发展过程中对政策制定最为关键的领域往往也最难以建模，例如，住房问题、城市更新问题等。以住房市场为例，它同时受到私人部门与公共部门的影响，市场中的住房供给者和需求者在规模上极不对等，且住房供给者调整建设供应量时也存在相当明显的滞后性，因此在市场中存在大量扭曲的供需关系，较零售市场等更为"纯粹"的市场要更难以预测。早期城市模型在构建之初时并非未考虑上述问题，但它们最终未能很好地把握市场的内在逻辑。

发生这种状况的深层原因在于当时的城市理论不足以为城市模型提供坚实的理论基础。当时的城市模型被批评为"过于简单化"，其实这些模型本身可能已相当复杂，只是与其面对的城市问题相比仍然太过简单。以城市应急服务设施的规划为例，在 20 世纪 70 年代，纽约市已构建了一系列针对火警、紧急救护等紧急服务的城市模型，这些模型被用于预测如何应对突发情况，但它们的预测结果大部分是错误的，当局将消防站等设施部署于模型预测将发生火灾的地点，而实际上火灾却发生在了别处，这种错判反而增加了应急反应的时间。在这个案例中，城市理论的不足主要导致了城市模型的两方面问题：第一，模型未能考虑很多微观层面的可能性，如缺勤、休假等导致的消防员到岗人数不足，这是欧美国家很多公共服务都存在的情况；第二，模型未能足够深入研究火灾的产生机制，火灾发生概率不仅与房屋寿命等客观物质条件有关，还与建筑内以及建筑周边人口的个体行为、社会结构等因素有关。

这种理论层面的不足可以被进一步归结为城市相关理论在不确定性问题方面的不足，这是对城市政策进行模拟与评估的难点，甚至有说法认为，"有关未来的唯一确定因素就是可以肯定未来是不确定的"[20-22]。同时，建模者也需要掌握更多关于模拟主体——城市中的各色人群的行为模式信息，他们的行为可能看起来是理性的、有章可循的，但实际上这些理性行为依循的可能是比模型规则更为复杂的逻辑框架。

4.2 当今城市模型研究的进展与应用

由于上文提及的多种问题，到 20 世纪 70 年代末，城市模型的第一次研究热潮便消失了。到 20 世纪 90 年代甚至更晚至 21 世纪初，人们真正进入了一个数据可获得性与计算机计算能力不再是主要问题的时期，因此人们对构建城市模型产生了新的兴趣，使对城市模型的研究获得了新的发展动力，开始了目前的第二轮热潮。智慧城市运动与城市模型的新热潮并驾齐驱，但二者在很多方面截然不同。智慧城市更加关注短期变化，如早晚高峰、一天、一周的变化，而城市与区域模型则关注更长的时间跨度，如几个月或几年内的住房政策、交通政策等。但另一方面，作为用于理解城市的一系列基于新信息技术的方法和工具，城市模型与智慧城市的某些方面有所交叉，例如，非常精细尺度的交通与人流移动问题、紧急车辆调度问题、非常具体的交通系统故障问题等，这些具体问题都是智慧城市技术所要改善的。因此，IBM、思科等公司均在智慧城市项目中开发了一系列具有操作性与研究性的城市模型，以此来解决相应的城市发展预测问题。在新的技术和问题背景下，城市模型能为城市的发展特别是新时期"智慧城市"建设等领域提供新的方法基础，具体的应用包括以下几个方面。

4.2.1　20 世纪 90 年代至今的城市模型

与早期阶段的静态模型相比，目前绝大多数城市模型都属于动态模型，从不同角度可以对这些动态城市模型进行分类。从建模方法来看，常用的方法有基于空间相互作用理论的重力模型（gravity model）①、最大熵模型（entropy maximizing model）②，来自经济学和统计学的阿隆索地租模型、离散选择模型（discrete choice model）③、空间投入产出模型（spatial input-output model）④、回归分析模型（regression model），来自复杂科学的元胞自动机、基于个体建模模型、微观模拟模型（micro-simulation model）⑤ 等[23]。此外，还有一类微观的土地开发模型并非是以上述方式

---

① 重力模型是以类似牛顿引力定律的形式对某些行为进行预测的模型，在社会科学中有多种应用，如贸易量预测、出行分布预测、移民趋势预测等。以出行分布预测为例，重力模型认为两区之间的出行数与出发区的出行发生量和到达区的出行吸引量成正比，与两区之间的行程时间（或费用、距离等）成反比。
② 熵是对不同随机变量的概率分布的描述，给定一个概率分布，则熵的定义为：$H_p = -p(x)\log p(x)$。根据最大熵原理，在预测一个随机事件的概率分布时，模型的熵越大，模型越好。
③ 离散选择模型是一种分析决策者（个人、家庭、企业或其他的决策单位）在不同的可供选择的选项（如交通方式）之间选择的技术。离散选择模型的一般原理为随机效用理论：假设决策者有 J 个备选项，分别对应一定的效用 U，则决策者的策略为选择效用最高的备选项。
④ 空间投入产出模型是以一个区域为对象而编制的投入产出模型，反映了区域内各有关部门间的生产技术联系和供需的综合平衡关系。
⑤ 微观模拟是一类以个体（如个人、家庭、车辆）为模拟单位的模拟方法，如通过模拟不同驾驶员的驾驶行为获得道路系统的整体状况便属此类。

演化而来，而是起源于地理信息技术，这类模型与上述模型有很大不同，它们并不模拟交通系统，而是直接模拟土地开发（如 SLEUTH 模型①）或与交通模型交互。另外还有少数模型并不能被完全归类，它们的建模方法由上述多种模型融合而来，一般不具有 MEPLAN、SLEUTH 这样具体明确的名称，且往往是"一次性"的，如专门为东京城市发展构建的模型。

通观城市模型的发展历程，可发现其发展趋势在于不断细分——由"自上而下"向"自下而上"发展。最早出现的城市模型均属于集聚模型（aggregate model），如劳瑞模型、阿隆索地租模型等，且大多数发展历程较长的城市模型在产生之初也都是"自上而下"的。随着模拟人口和区域的细化，它们开始逐渐转型变得更为精细化。例如，当沃德尔开发 UrbanSim 系列模型②时[24-25]，它们比现在要更加"集聚"。再如，交通模型也呈现出相似的分解趋势，它们从经济学中引入了离散选择模型，后来又引入了高度分解的基于个体的建模方法，从对交通量总体分布的评估演化为对个体出行需求的预测，后来又细化纳入了对家庭活动分配（如购买生活必需品、接送子女）的模拟。TRANSIMS③[26]、MATSim④[27]等"自下而上"的微观模拟模型与 MEPLAN、TRANUS、PECAS⑤[28]等将 3000～4000 个家庭作为一个整体的区域模型在形式上已大相径庭。

基于上述对城市模型发展历程的分析可以看出，最初来自系统思想的城市模型在经历了数十年的发展后已经大大突破了最初的研究范式，并随着计算机科学、经济学、计量地理学等相关学科的发展而不断被充实，从最初的空间上集聚（spatial aggregation）、时间上静态（static/temporal aggregation）、活动上集聚（activities aggregation），不断向空间上离散（spatial disaggregation）、时间上离散（static/temporal disaggregation）、活动上离散（activities disaggregation）发展[29]，由关注城市运行的宏观规律转向关注城市中每个个体的行为规则。精细化的城市模型（动态的、基于离散动力学的、微观的、"自下而上"的）正在成为城市模型研究的热点。

此外，不同模型系统之间的整合连接也将在很大程度上丰富城市模

---

① SLEUTH 模型是一个应用较广的元胞自动机土地利用变化模型，其名称中的字母代表模型中的主要影响因子，分别为 slope、land cover、excluded、urban、transportation、hillshade。
② UrbanSim 是美国华盛顿大学保罗·沃德尔领导的课题组开发的城市仿真原型系统，其采用微观模拟方法，综合考虑了土地开发、交通运输、政策等多方面因素。
③ TRANSIMS 全称为 TRansportation ANalysis SIMulation System。
④ MATSim 全称为 Multi-Agent Transport Simulation Toolkit。
⑤ PECAS 全称为 Production, Exchange and Consumption Allocation System。

型的应用场景并提升其有效性。在城市模型数十年的发展历程中，不同国家、组织机构的研究人员开发了大量不同的分析模型，但目前它们大部分无法在同一个平台上被整合使用。通过整合不同的模型语言和建模平台，耦合多个模型在未来有望变得较为便捷。

4.2.2 建模方法的发展趋势

当今城市的复杂性正在快速提高，为了在越来越多样的城市问题上为决策提供支持，城市模型的建模方法主要呈现出四个发展趋势。

第一，宏观模型与微观模型相结合的建模方法开始出现。"自上而下"的宏观模型与"自下而上"的微观模型既是一种演进关系，也可在未来的建模工作中被结合，例如，将宏观模型用于生成分区尺度的模拟结果，将微观模型用于"分配"上述结果，构建出兼具集聚与分解、宏观与微观特征的模型。

第二，城市模型建模进入为特定问题建立专用模型的阶段，即开发更具有"问题导向型"的城市模型，也就是构建针对特定地区、特定问题的"一次性"模型。例如，剑桥大学跨学科空间分析实验室（Lab of Interdisciplinary Spatial Analysis）开发了针对创新产业发展与城市空间结构演变的模拟模型[30]（图4-3）。城市模型领域在过去几十年发展中积累的大量模型工具是这一趋势的主要驱动力，专用模型可以从多个现有模型中选取对特定问题最有用的片段并加以组合"打包"。除东京城市发展模型外，欧洲和北美也曾构建若干此类模型，它们将不同模型要素结合并开发了专用软件。但是，这并不意味着综合性、普适性模型已不再被开发，这两种建模思路在未来将同时推进。如今城市模型研究在各个方面都得以扩展，未来既将出现更多大型综合性模型，也将出现更多"问题导向型"模型。在我国城市规划与管理逐渐走向精细化的背景下，"问题导向型"模型也将在更多领域为提高城市管理政策的科学性提供支持。

第三，城市模型研究需要应对快速提高的城市复杂性。需要指出的是，模型的本质是对现实的简化，如果模拟对象非常复杂，模型可能需要将模拟对象划分为多个方面，例如，分别构建针对基础设施建设、住房供给、旧城改造等城市发展特定方向的小型模型，或构建一系列不同复杂度和综合度的模型以应对不同需求等。同时，数据质量的提高、模型种类的扩展以及信息技术的发展也有助于应对不断提高的复杂性。信息技术的发展可提供更多在城市中进行"小范围实验"的机会，在短时间、小范

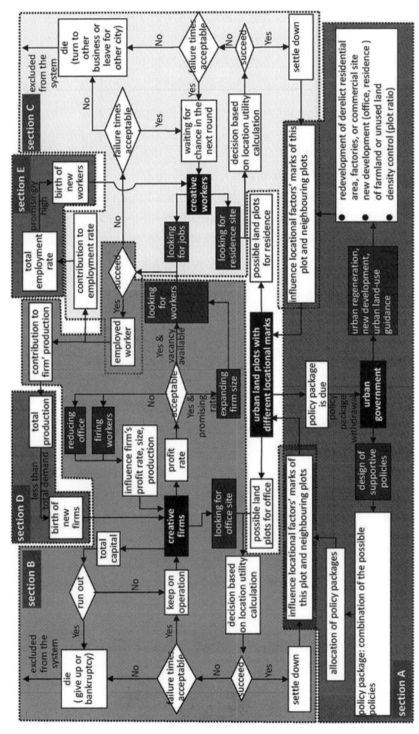

图 4-3 创新产业发展与城市空间结构演变模型机理

（来源：参考文献 [30]）

围内进行某种改变并观察人群的反应，而人们也可以通过智能手机等各种信息设备获取即时信息并对外界"刺激"迅速做出反应，因此城市模型能够快速"学习"，及时发现市民行为的新趋势及其影响。与此相关的另一个趋势是，城市模型研究领域正在认真审视模型的预测能力。研究者们已意识到模型并不能准确预测未来，但可以尝试进行有条件的预测，这也意味着人们正在逐渐理解社会系统预测的复杂性与不确定性。

第四，通过从不同角度对同一问题构建多个模型，可以观察并比较其模拟结果，以此来应对不确定性问题，这也是目前一个较为可行的、应对不确定性的方法。这一思路多被应用于宏观经济领域，经济学家采用多个不同的计量模型模拟一个国家的宏观经济体系，然后对生成的不同结果进行选择与讨论，并使决策者了解模拟结果之间的异同。虽然近年来有多篇论文提出构建城市模型时可以尝试应用这一方法，但类似工作还未在城市研究领域真正开展，这种状况的形成主要来自于两项制约因素：一是采用多重视角分析问题需要一个更大的城市模型"工具库"作为方法支撑；二是虽然与之前相比建模难度在降低，同时模型模拟能力也在提高，但为同一问题建立多个模型仍耗时耗力、成本高昂。由于上述因素的制约，这一方法在规划实践中可能将首先被应用于影响更为重大的城市宏观发展政策。

4.2.3 "大数据"环境下的城市模型

如上文所述，随着信息和网络技术的不断发展，表征、反馈城市系统运行状况的数据类型和规模不断增加。利用这些多源新型数据，研究者们可以更加直接地从现实数据中挖掘个体行为特征。这些数据为构建城市模型提供了新的机遇，同时也在建模思路和方法等方面提出了新的要求。这些新型数据出现后不久便在新型交通模型、城市发展路径风险分析、新型交通需求管理工具等方面得到了应用[31]，利用以大数据为代表的多源新型数据开展城市模拟与政策评估已成为目前学术界的研究热点。

在"大数据时代"，城市模型研究的发展态势主要体现在以下几方面：第一，多个领域的学者共同关注利用新型数据开展城市研究，除了城市规划与管理领域本身，计算机科学、地理信息科学、地理学等学科也都在关注新型数据的挖掘，进而对城市问题进行识别和诊断并提出相应的建议；第二，基于新型数据的研究日趋碎片化，即这些研究往往侧重于城市现象的某一个局部方面，相对综合的分析越发少见[31]，发生这一状况的原因可能在于大数据的特点是覆盖广、精度高和对特定问题的描述较为深入，适合针对城市的问题深入分析和挖掘，而城市模型往往需要来自多个渠道的数据，因此两者之间的对接还需要做进一步探索；第三，数据分析算法趋于简单化，甚至有观点声称"数据就是模型"，即通过对大数据简单的时间、空间和属性层面的统计分析，就可以得到有意义的分析结果，事实上，类似趋势早在地理信息系统的发展中已得到体现（地理信息系统的内核在于将数据输入一个空间信息系统，在很多情况下地理信息系统仅是以不同方式呈现地理的相关信息和数据。地理信息系统以及其他一些基于地理信息系统的工具都与数据有着非常密切的关系，也可被认为"数据即模型"）；第四，这类研究侧重对城市现状的评价而非对未来的预测，而这也是精细化城市模型的一个特征，即越精细化的模型越不适合对远景进行判断，而越适于对现状和短期未来的分析。

由于相关研究刚刚起步，新型数据的积累也刚刚开始，目前的城市模型研究主要集中于短期截面数据，而随着数据收集时间的增长，5~10年期甚至更长时间跨度的长期新型数据将具备更大的研究潜力。这将使研究者有望从短期趋势中识别出长期趋势，实现研究范式的转变。例如，从短期数据中可以通过通勤等规律性行为识别出数据中的不同个体，当积累了足够多、足够长期的数据，就可以观察出个体的规律行为是否发生变化，并识别出其中蕴含的潜在趋势，包括一个月内或半年内等不同时间段的趋势。又如，当信用卡消费数据可以被保存20~30年，研究者就可以从中观察到每个个体生命周期中消费模式的转变，类似随着年龄增长消费将减少，消费类型也有所变化，这其中也能反映出个体生活方式的变化模式。在这些可能性之下，新型数据特别是长期新型数据能为城市模拟和决策支持提供哪些新的可能？这是一个有待探索的问题。

4.2.4 城市"新科学"的形成

在当前第二次城市模型研究热潮下，麦克·巴蒂于2013年出版了一部关于城市科学的著作——《城市新科学》（The new science of cities）[32]，书中称城市科学为"新科学"的原因在于，这门科学所使用的技术和工具是相对较新的，而与之相对的"老"的城市科学则是指城市经济学、城市社会学、城市地理学以及与城市交通相关的科学研究等各种学科领域。换言之，"老"的城市科学更多的是基于静态的、截面的、系统论的视角，而新科学则是基于演进的、复杂科学的视角。从某种意义上可以这样描述这门新城市科学——利用了过去20余年（21世纪以来）发展的新技术和新工具，基于复杂性理论对于城市问题开展的科学研究。此外，这个"新科学"也包含多种其他属性，如离散性、"自下而上"的思想、演进的视角等。能够系统性地提出"城市新科学"这一领域，说明学术界在过去几十年中在城市复杂性研究方面已经取得了相当多的成果。

在麦克·巴蒂提出的"城市新科学"中，城市复杂性理论和网络理论是主要两个研究城市的新视角与理论依据，特别是"网络"（network）和"流动"（flow）的思想尤为关键，这些新的思想正在改变传统城市科学研究中对于空间"场所"（place）的强调。在这门新科学中，"区位"并非不重要，只是"网络""流动"以及"动态变化"更为重要。麦克·巴蒂所领导的高级空间分析中心近年在城市动态和城市网络方面还提出了很多想法和研究方法，如城市受到扰动后的短期动态变化以及将城市静态模型置于城市动态演变的研究框架内模拟城市短期变化等。这些模型是分散的、片段式的，它们的动态性与复杂性使这些研究具备了"城市新科学"的色彩。

4.3 讨论：实践挑战——模型思维与管理思维

虽然学术界在过去的几十年（20 世纪 80 年代以来）中在城市模型领域取得了大量进展，并且有越来越多的地方政府、学术资助机构等正在对城市模型产生兴趣，但城市模型仍未被大规模应用于城市规划与管理实践，究其原因主要有三点。

第一，在城市模型发展的第一次高潮期即 20 世纪 60 年代，特别是在美国，许多系统分析与系统发展的思想是从军事领域移植而来。在不同领域间进行这种技术方法的移植并非易事，相关的技术和工具通常并不能被很好地转换以适应新的需求，当时那些模型工具被移植到城市研究之后出现了各种问题，包括数据问题、运算问题、财务和资金问题等。这种情况到现在仍然存在，可以预见，某些领域对于模型的应用会十分超前，而相应的传统领域则往往由于技术方法移植的困难而推进缓慢。

第二，不同国家的"技术文化"对待城市模型的态度也不同。美国学术界有较为强烈的所谓"技术乐观主义"精神，这就使得美国的研究者对待新技术的态度比其他国家更为积极。20 世纪 60—70 年代，美国的决策者对模型工具持有非常乐观的期望，认为它们一定在解决问题的过程中对于某些方面有所助益，大多数美国大城市都建立了自身的城市模型，即便后来人们发现它们并非如此有用。但是在英国，学术界的研究者则不那么乐观，许多规划师与管理者并不习惯使用这些模型，他们认为现实世界过于复杂，这种复杂程度并非一个简单的模型可以预测的，因此城市模型在英国的应用案例明显少于美国。英国的主要应用案例包括 David Simmonds 咨询公司在伦敦和英国东南部的模型应用、交通咨询公司的模型应用，以及 MEPLAN 模型的应用。当然，随着后来计算机等新技术的影响力持久不衰，英国的情况也有所转变。与英国情况类似，其他很多国家的城市规划与管理者也并不习惯借助模型"预测"的工作方式，在对模拟方法表示欢迎的同时，他们也会对模拟机制和模型参数的设置心存疑虑。这一现象背后的深层原因也与上文所提到的不确定性有关——具有丰富实践经验的规划与管理人员往往会认为他们在实践中遭遇的各种复杂情形与意外状况是不可能被简化的，因而他们倾向于质疑抽象、简化的模型能否充分体现甚至模拟现实的复杂状况。

第三，"职业文化"（即不同职业、不同专业背景之间的差异）也阻碍了城市模型在规划与管理者中的推广，非工程专业出身的人员往往对模型思想了解较少并缺乏相应的训练。此外，很多模型设计的目的是希望帮助管理者进行决策，而当代城市的多元复杂性又要求城市发展具有一定的自发性（也就是希望其更多地发挥"自组织"作用），因此，城市规划与管理者的工作在于根据模型预测结果，为未来发展做出决定以起到"优化"作用——也就是进行"他组织"，这种模式也很可能影响到长久以来城市发展形成的一些特色。在具体的执行过程中，模型预测结果往往既告诉人们应该"优化"什么，也告诉人们不应"优化"什么，这就意味着需要说服管理者"不去做某事"，这在操作中有时比请管理者"去做某事"要更难。

为了解决以上提到的城市模型应用的挑战与困难，从某种意义上讲还是需要从更为基础的教育入手，在教师中引进更多具有相关知识的人员并开设相关课程。事实上，国际学术界与教育领域中正在有越来越多的人开始具备这方面的技能，所以城市模型应用的困难情况正在逐渐改变。需要引起注意的是，城市规划与管理领域中有来自不同学科背景的专业人员，其中一些具有理工专业背景的人士可能具备一定的"科学导向性"，他们可能更容易接受城市模型的思想方法，而在他们逐渐接受城市模型的同时，业内也需要加大对于城市模型思想方法的宣传与普及，使更多的人接受这一新的方法。此外，改变还可能来自不同的行业机构，如 IBM、百度、阿里巴巴等大型 IT 公司都已建立了城市部门。可以说，大型咨询公司、大型 IT 公司等都可能以非传统的方式推动规划与管理行业思维的转变。因此，怎样才能在当前的城市模型研究热潮中进一步提高城市模型的应用性和普及性？如何才能在各专业、领域与机构中全面宣传与普及基于城市模型的思想方法？这将是未来相关学者需要不断探索的课题。

参考文献

[1]　BURGESS E W. The city[M]//BURGESS E W. The growth of the city: an introduction to a research project. Chicago and London: The University of Chicago Press, 1925: 71-78.

[2]　CHRISTALLER W. Die zentralen Orte in Süddeutschland[M]. Jena: Gustav Fischer, 1933.

[3]　HOYT H. The structure and growth of residential neighborhoods in American cities[R]. Washington D.C.: Federal Housing Administration, 1939.

[4]　HARRIS C D, ULLMAN E L. The nature of cities[J]. The Annals of the American Academy of Political and Social Science, 1945, 242 (1): 7-17.

[5]　LOWRY I S. A model of metropolis[R]. Santa Monica, California: Rand Corporation, 1964.

[6]　MUTH R F. The spatial structure of the housing market[J]. Papers in regional science, 1961, 7 (1): 207-220.

[7]　ALONSO W. Location and land use: toward a general theory of land rent[M]. Cambridge, Massachusett: Harvard University Press, 1964.

[8]　MILLS E S. An aggregative model of resource allocation in a metropolitan area[J]. The American economic review, 1967, 57 (2): 197-210.

[9]　WILLIAMS I N, ECHENIQUE M H. A regional model for commodity and passenger flows[C]// Seminar on Transport Planning in Developing Countries during the PTRC Summer Annual Meeting. 1978: 121-128.

[10]　DE LA BARRA T. Integrated land use and transport modelling: decision chains and hierarchies[M]. Cambridge, UK: Cambrige University Press, 1989.

[11]　万励, 金鹰. 国外应用城市模型发展回顾与新型空间政策模型综述 [J]. 城市规划学刊, 2014 (1): 81-91.

[12]　刘伦. 基于城市 CA 模型的产业转型期沛县城市空间演变研究 [D]. 北京：清华大学, 2013.

[13]　HARRIS B. Linear programming and the projection of land uses[R]. Philadelphia: University of Pennsylvania, 1962.

[14]　HARRIS B. A model of locational equilibrium for the retail trade[R]. Philadelphia: University of Pennsylvania, 1964.

[15]　MARTINEZ F. MUSSA: land use model for Santiago city[J]. Transportation research record, 1996, 1552: 126-134.

[16]　泰勒. 1945 年后西方城市规划理论的流变 [M]. 北京：中国建筑工业出版, 2006.

[17]　LANDIS J D. The California urban futures model: a new generation of metropolitan simulation models[J]. Environment and planning b: planning and design, 1994, 21 (4): 399-420.

[18]　LANDIS J, ZHANG M. The second generation of the California urban futures model. part 1: model logic and theory[J]. Environment and planning b: planning and design, 1998, 25 (5): 657-666.

[19]　LEE JR D B. Models and techniques for urban planning[R]. Buffalo, NY: Cornell Aeronautical Laboratory, 1968.

[20]　于立. 城市规划的不确定性分析与规划效能理论 [J]. 城市规划汇刊, 2004 (2): 37-42.

[21]　CHRISTENSEN K S. Coping with uncertainty in planning[J]. Journal of the American planning association, 1985, 51 (1): 63-73.

[22]　ALLMENDINGER P. Planning in postmodern times[M]. London: Routledge, 2002.

[23]　PAGLIARA F, WILSON A. Residential location choice[M]//PAGLIARA F, WILSON A. The

state-of-the-art in building residential location models. Berlin and Heidelberg: Springer, 2010: 1-20.

[24] WADDELL P. A behavioral simulation model for metropolitan policy analysis and planning: residential location and housing market components of UrbanSim[J]. Environment and planning b: planning and design, 2000, 27 (2): 247-263.

[25] WADDELL P. UrbanSim: modeling urban development for land use, transportation, and environmental planning[J]. Journal of the American planning association, 2002, 68 (3): 297-314.

[26] SMITH L, BECKMAN R, ANSON D, et al. TRANSIMS: transportation analysis and simulation system[C]//National Transportation Planning Methods Applications Conference. 1995.

[27] BALMER M, MEISTER K, NAGEL K. Agent-based simulation of travel demand: structure and computational performance of MATSim-T[C]//The 2nd TRB Conference on Innovations in Travel Modeling. 2008.

[28] HUNT J D, ABRAHAM J E. Integrated land-use and transportation models: behavioural foundations[M]//HUNT J D, ABRAHAM J E. Design and implementation of PECAS: a generalised system for allocating economic production, exchange and consumption quantities. Bingley, England: Emerald Group Publishing Limited, 2005: 253-273.

[29] BATTY M. Urban modelling: a progress report[C]//Symposium on Applied Urban Modelling. 2013.

[30] LIU H, SILVA E. Examining the dynamics of the interaction between the development of creative industries and urban spatial structure by agent-based modelling: a case study of Nanjing, China[J]. Urban studies, 2017, 55 (5): 1013-1032.

[31] BATTY M. Smart cities, big data[J]. Environment and planning b: planning and design, 2012, 39: 191-193.

[32] BATTY M. The new science of cities[M]. Cambridge, Massachusett: MIT Press, 2013.

第 5 章 人工智能应用

从 20 世纪 80、90 年代起,人工智能的算法技术就开始出现在城市研究领域。如今,长足发展的人工智能为进一步研究和解决各类城市问题提供了丰富的工具,并在未来一段时期继续为智能化城市规划与管理提供更多方法与思路。本章将就人工智能应用于城市信息感知及政策模拟的现状与前景进行探讨。

5.1 人工智能的概念与技术发展

究竟何为人工智能?在何种情况下一项技术可被认为具有了人工智能的特征?大量学者都曾尝试对人工智能做出定义。Stuart Russell 和 Peter Norvig 在他们撰写的经典教科书《人工智能:现代方法》(*Artificial Intelligence: a modern approach*)中将学者们提出过的人工智能定义按照两个维度的不同侧重点分为了四类,分别是"强调思维过程与人类的相似""强调思维过程的理性最优""强调行为结果与人类的相似""强调行为结果的理性最优"[1](表 5-1)。虽然侧重点与判断准则不同,但这些定义都强调要使机器获得理解、推理、学习、决策等类似人类的智慧与思维。当然,也有很多学者认为,人工智能的范畴随着技术进步在不断改变,因此很难被定义,一旦人们对一项技术习以为常,它就不再属于人工智能,也就是所谓"技术的进步更多地定义了人类智能不是什么,而不是定义人工智能是什么"[2]。抛开具有争议的定义,人工智能在至今的发展中已逐渐形成了一个包含知识表示、机器学习、数据挖掘、自然语言处理、语音识别、计算机视觉等子领域的庞大学科(图 5-1)。

表 5-1 人工智能定义的四种类型

强调思维过程与人类的相似	强调思维过程的理性最优
"让计算机思考……(创造)有头脑的机器"[3]	"通过计算模型对智力的研究"[5]
"对通常被认为是人类思维的活动的自动化,例如决策、解决问题、学习等"[4]	"对使机器可以理解、推理、行动的运算方式的研究"[6]

续表

强调行为结果与人类的相似	强调行为结果的理性最优
"创造可以执行需要人类以智能实现的功能的机器"[7]	"计算智能是对智能主体设计的研究"[9]
"研究如何使计算机完成当下人类更擅长的工作"[8]	"人工智能关注人造物的智能行为"[10]

注：翻译自参考文献 [1]

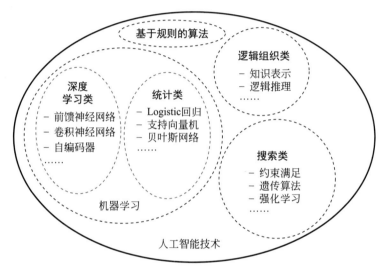

图 5-1　人工智能技术谱系概览

（来源：改绘自 Medium 网站）

虽然阿兰·图灵早在20世纪40年代就提出了著名的"图灵测试"①[11]，但真正的人工智能研究被认为起始于20世纪50年代中期。这一领域与当时已经存在的其他相关领域相比最重要的差异在于，它以使机器获得学习能力、自我进化能力、创造力、语言能力等人类特质为根本出发点，被体现为机器可自动应对多变、复杂环境下的各类问题[1]。从20世纪50年代至今，人工智能研究曾在某些阶段成果频出，被寄予高度期望，也曾在某些阶段遭遇瓶颈、止步不前，历经了多次起落[12]。

从20世纪50—60年代中期，人工智能的早期研究成果丰硕，只是这些成果受限于当时有限的硬件、软件条件以及人们的认识水平。在

---

① 图灵测试指在测试者与被测试者（一个人和一台机器）互不可见的情况下，测试者通过一些装置（如键盘）向被测试者随意提问，持续提问五分钟后如果测试者判断被测试者是人还是机器的正确率在70%以下，则被测试者就通过了测试。

20世纪40—50年代，计算机还被视为仅能进行算术运算的设备，人们当时总是认为"计算机永远不会做某事"，而人工智能研究者则不断将人们认为计算机"不会做的事情"逐渐实现。因此，John McCarthy将这段时期戏称为"证明不用动手时期"（"Look, Ma, no hand！"era）。Newell和Simon创建了"一般问题解决器"（general problem solver，GPS），而IBM的工程师Nathaniel Rochester和同事创造了最早的几个人工智能系统，Herbert Gelernter构建了"几何定理证明器"（geometry theorem prover），可以自动证明数学系学生都感到棘手的题目；Arthur Samuel编写了国际象棋程序，可达到高级业余水平，在1956年登上了电视[1]。人工智能领域的另一位奠基者Marvin Minsky在这一时期也指导学生开发了一系列解决"微型世界"（microworlds）内有限问题的智能算法，其中最有名的一个是可通过自然语言指挥机器臂操作积木的SHRDLU程序，还包括解答大学一年级水平微积分题目的SAINT程序、解答智商测试中几何类比问题的ANALOGY程序、解答以故事形式呈现的代数问题的STUDENT程序、最早的聊天机器人ELIZA①（图5-2）等[1, 12]。然而，当人工智能应用扩展到更多样、更复杂的问题时，这些早期的成功并没能得到继续。相关研究的困难一方面在于解决复杂问题（如翻译）往往需要大量的背景知识，另一方面在于计算的复杂度随问题复杂度的增加而大幅提高，这导致在简单问题上能够施行的算法在复杂的现实问题上遭遇失败，也就是遇到了"组合爆炸问题"（combinatorial explosion）[1]。到20世纪70年代中期，英、美两国几乎都停止了所有对人工智能领域的研究资助，相关研究进入了第一次低谷期[13]。

此后，引入"领域知识"、构建专家知识系统（knowledge-based system）成为了人工智能研究的主要发展方向[1]。例如，Ed Feigenbaum、Bruce Buchanan和Joshua Lederberg开发了DENDRAL系统，在解决推断分子结构的问题中引入了相关的结构化学理论知识；Feigenbaum、Buchanan和Edward Shortliffe开发了用于诊断血液感染的MYCIN系统，引入了从专家访谈中得出的450条规则，可达到与一些医疗专家相近的诊断水平[1]。这一方向的成功尝试促进了人工智能技术的商业化应用。20世纪80年代初出现了第一个成功的商业化专家系统，其名为

---

① ELIZA由麻省理工学院人工智能实验室的Joseph Weizenbaum开发，通过简单的模式匹配（pattern matching）使机器能够与用户聊天，是最早通过图灵测试的计算机程序之一。虽然维森鲍姆反复强调ELIZA并不具备真正理解聊天内容的能力，但大量早期用户表示，ELIZA激发了他们的情感共鸣。

R1 或 Xcon，它包含约 2500 条规则，被应用于电子设备公司（Digital Equipment Corporation），功能是根据客户需求自动为新计算机选择系统配置①。到 1986 年，R1 共处理了 8 万多份订单，正确率为 95%～98%，以减少错误赔偿、加快组装速度和提高客户满意度等成果每年为电子设备公司节省 4000 万美元[14]。到 1988 年，电子设备公司已部署了 40 套专家系统，而著名的杜邦公司使用了约 100 套专家系统，据称每年为公司节省约 1000 万美元。到 20 世纪 80 年代末，世界 500 强企业中几乎有一半都部署了专家系统[15]。

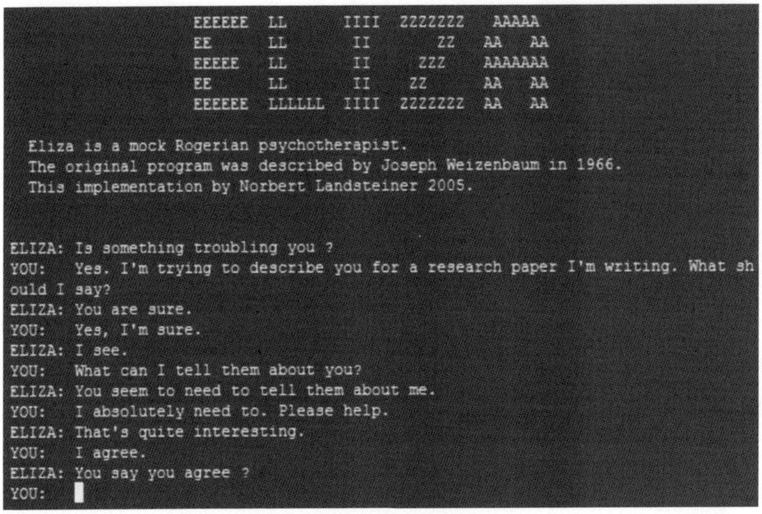

图 5-2　ELIZA 聊天机器人

（来源：维基百科）

在商业化成功的同时，人工智能研究也再次受到了政府的关注。1981 年，日本政府推出了"第五代"（Fifth Generation）计划——一个发展智能计算机的十年计划；美国也设立微电子和计算机技术公司（Microelectronics and Computer Technology Corporation，MCC）以保证在人工智能领域的整体竞争力（在这些国家计划中，人工智能是一个宽泛的概念，其也包括了设计计算机芯片和研究人机互动界面等）；英国也恢

---

① 当时的计算机销售不像如今这样成熟，所有硬件配件和软件都需分别购置后组装，销售人员在这方面经常犯错，如配错电线、芯片等。

复了原先在"莱特希尔报告"①影响下削减的研究费用[16]。人工智能产业的规模在20世纪80年代由几百万美元增长到数十亿美元，出现了数以百计开发专家系统、视觉系统、机器人等的公司以及与之配套的软硬件。但不久，专家系统逐渐暴露出诸多局限性，由于很多公司的宣传远大于实际技术能力，投资者和消费者的预期大量落空，人工智能产业进入了"寒冬"期（AI winter）[1]。在日本、美国与英国，这些研究项目的愿景都并未真正实现。

20世纪80年代末以来，人工智能的研究内容和方法都发生了许多革新：在内容方面，相关研究开始更关注现实需求而非虚拟场景下的应用；在方法方面，已有的、具有严谨理论与实证基础的方法被越来越多地引入到人工智能算法中，如隐马尔可夫模型（hidden Markov model）、贝叶斯网络（Bayesian network）等，而神经网络的方法和理论研究也有所进展。这些在数学上更为精密的算法和对现实问题更深入的认识相结合，产生了更多可行、稳健的人工智能技术方法[1]。

2000年以来，互联网的发展、数据量的增加、计算能力的提高②[17]为人工智能的发展提供了新的有利环境。在数据量方面，一些新的实践表明，在某些问题上，数据量对人工智能模型表现的影响可能超过算法本身[1]。例如，一篇发表于2001年的自然语言处理论文表明，模型准确度随训练数据量的扩大而得到了明显提高，而在同样的训练数据量下，不同算法的表现则较为接近（图5-3）[18]。计算能力的提升一方面使一些原先不可能实现的算法设计成为可能，另一方面也大幅提高了研究人员的试错反馈速度，缩短了技术进步所需的时间。在上述因素的共同作用下，人工智能在2000年特别是2010年后取得了一系列引人瞩目的成绩，如在围棋比赛中打败人类最高水平选手[19]、在语音识别和图像分类上超过人类水平（图5-4）[20-21]、无人驾驶汽车上路[22]等，这些真实案例再一次引发了人们对人工智能技术前景的无限畅想。

虽然历史经验表明，人工智能的发展总是在人们期望膨胀的高潮与期望落空的低谷中往复，也可能终将从目前炙手可热的状态回落，但即

---

① 莱特希尔报告（Lighthill report）是1973年英国著名应用数学家詹姆斯·莱特希尔爵士（Sir James Lighthill）受英国科学研究委员会（British Science Rearch Council）之托撰写的有关人工智能研究真实状况的报告。这份报告严厉批评人工智能研究"没有在任何一个领域实现曾经的承诺"，直接导致了20世纪70年代英国政府对人工智能研究经费支持的大幅削减[16]。

② 2010年微处理器的计算速度可达1971年第一代微处理器（英特尔4004）的400万倍。

使热潮褪去，新技术不断突破的影响也将是深远的，理解并复刻自身智能仍将是人类的一项长期追求。城市规划与管理作为复杂环境下的高度智能活动，既存在引入人工智能技术、提高管理效率与水平的巨大空间，也为相关技术的应用提出了诸多新的课题与挑战。

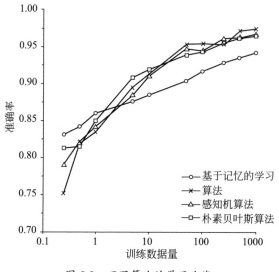

图 5-3　不同算法的学习曲线

（来源：改绘自参考文献 [18]）

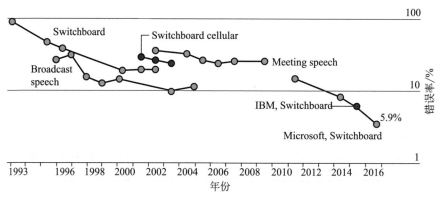

图 5-4　多种数据集上机器语音识别错误率变化

（来源：改绘自经济学人杂志网站）

5.2　人工智能增强的城市管理

虽然人工智能技术在城市管理领域的渗透程度低于工程与商业领域，但随着 20 世纪 80 年代专家系统在多个行业得到大规模应用，业内也进行了若干将人工智能应用于城市管理的研究与实践。应用频率较高的人工智能算法包括基于规则的推理（rule-based reasoning）、基于案例的推理（case-based reasoning）、模糊逻辑（fuzzy logic）、演化算法（evolutionary computation）、神经网络（artifical neural network）等。与传统分析方法相比，人工智能算法可在解析、拟合城市系统的动态、复杂与非线性特征方面具备更强大的能力[23]，因此其对感知分析与模拟评估算法起到了增强作用[24]。将人工智能应用于城市管理的现有研究可归纳为以下几个方面。

1. 增强的城市信息感知分析

（1）模式识别，主要体现为通过某些易于观测的特征推测事物难以直接被观测到的趋势或特性，如 Feng 和 Xu 结合专家系统、神经网络和模糊逻辑开发了城市发展水平综合评估方法[25]；Lee 等利用基于案例的推理方法，根据水体导电度、酸碱度等特征进行水质监测[26-27]；Hartvigsen 和 Johansen 构建了预测风暴的专家系统 STORMCAST[28]；Srinivasan 等结合模糊逻辑和遗传算法提出了更高效的交通事故自动识别算法[29]等。

（2）遥感、卫星影像识别，如 Moller-Jensen 将专家系统应用于对卫星影像的识别，以进行城市用地分类[30]；Stefanov 等基于专家系统综合遥感图像、高程数据和土地利用数据提高了遥感图像地类划分的准确度[31]；Schneider 结合决策树和支持向量机算法识别卫星图像，以之监测土地利用变化[32]等。

（3）合法合规性判断，如澳大利亚基于专家系统方法开发了帮助理解和使用建筑风荷载规范的 WINDLOADER 系统、评估快速铁路对周边房屋噪声影响是否符合规范的 NOISEXPT 系统[33]；马来西亚开发了用于辅助查询规划设计准则的 STANDARD 系统[34]等。

（4）开发项目评估，如 Fedra 等和 Lee 等通过基于规则的专家系统（rule-based expert system）进行建设项目或土地利用项目的环境影响评估[35-36]；Yizengaw 和 Verheye 基于专家系统开发了土地利用适用性评价模型 ALES[37]；Kalogirou 结合专家系统和地理信息系统开发了土地开发适用性评价模型 LEIGIS[38]等。

2. 增强的城市模型

（1）构建或优化模型，如 Pijanowski 等利用神经网络算法模拟了城市化过程中土地利用的变化并解析了土地利用变化的规律[39]；Li 和 Yeh 利用机器学习方法为元胞自动机模型挖掘用地转换规则[40]；Brown 结合基于规则的专家系统和地理信息系统构建了洪泛区土地管理政策评估模型[41]；Liu 等将人工免疫算法（artificial immune system）应用于元胞自动机模型，以此模拟不同政策情景下的城市发展结果[42]；Yoo 等利用机器学习算法为房价模型选择合理变量[43]等。

（2）模拟智能生命，如 Arentze 和 Timmermans 利用强化学习算法（reinforcement learning）模拟人在不断变化的时间安排和路况条件下（动态、不稳定、不确定）对出行目的地、路径和交通方式的选择[44]；Torrens 等借助机器学习算法根据步行路径数据挖掘人的步行规律并进行模拟[45]等。

（3）提升模型用户友好性，如 Choi 和 Kim 利用专家系统提高了交通模拟模型 TRANSPLAN 的输入便捷度和用户友好度[46]等。

3. 其他

（1）交通自动控制，如 Kuyer 等和 Arel 等开发了基于多主体强化学习的交通信号灯自动控制算法[47-48]等（更多案例请参见 Zhao 等对智能算法应用于交通信号控制的文献综述）。

（2）设施选址，如 Murnion 利用神经网络算法进行设施选址[49]；Witlox 利用专家系统构建了辅助工业设施选址的 MATISSE 系统[50]；Jun 将专家系统、地理信息系统和多准则分析应用于工业项目选址[51]等。

（3）制定规划，如 Wyatt 开发了根据用户提出的目标制定发展战略的"智能规划机器"专家系统（Intelligent Planning Machine）[52]；Yan 等开发了自动制定用地区划方案的专家系统[53]；Arentze 等基于启发式算法（heuristic method）模拟不同设施的选址与调整过程，生成用地规划[54]等。

（4）危机处理，如 Avouris 结合分布式人工智能（distributed artificial inteligence）和专家系统构建了应对化学物质泄漏事故的 EDSS 系统[55]；Avesani 等结合基于案例的推理和约束推理（constraint reasoning）构建了在环境事故中分配有限时间与资源的 CHARADE 系统[56]等。

总体而言，上述的人工智能应用可被进一步归纳为两类：一是对城市管理涉及的简单或中度复杂的智能活动之模仿与替代，这也就带来了某些环节效率的提升，上文所提及的人工智能辅助的城市信息感知分析和大部分其他应用都属于这一类别，其中那些可被自动化或半自动化的工作往往相对目标明确、规则清晰[57]，在相关的算法支持下，借助机器的快速运算，大量重复的例行工作可以被取代，并带来节省机构开支、提高决策速度、系统化传递工作经验、提高决策的质量与一贯性等优势[58]；二是应用可被认为是对人类智能的增强和延伸，其体现为利用人工智能算法的强大计算与拟合能力从大量数据中寻找并量化城市系统的运行规律，包括上文提及的模式识别、优化城市模型以及模拟智能生命等，在这类应用中，人的判断能力和机器的计算能力结合互补，可以产生更快、更好的分析结果，甚至实现一些以前不可能完成的任务[59]。

与上述两类应用相比，人工智能在城市管理核心问题（如多主体利益协调、长期发展战略制定等）方面的应用相对较少，在5.3节，笔者将以基于机器学习算法的计算机视觉技术为例，探讨人工智能技术在城市研究与管理领域的具体应用。

5.3 以计算机视觉为例的城市感知增强

5.3.1 计算机视觉技术的发展

图像是人类文明产生的容量最大的信息媒介之一，对于人类生存发展的重要物质载体——城市而言，城市图像更是记载城市演化与发展的重要资料。从《清明上河图》等古代风俗长卷到胶片时代电影、照相机中的城市影像，再到如今无所不包的数码照片、视频，城市的发展变迁无不被反映在形形色色的图像资料中。近年来，伴随着数字图像软硬件技术与设备的普及以及各类社交媒体和图像分享平台的蓬勃发展，人们可获取的图像数据正在以前所未有的速度增长。以几大图像分享平台为例，曾经为谷歌地图提供实景图像的 Panoramio 网站照片总量已达1.3亿；Flickr 网站照片总量约60亿（仅公开图像），每天新增约200万幅（2015年数据），其中标签内容包含 city、urban 的为2400万张；图像分享应用 Instagram 的数据量更为可观，截至2015年9月，照片总量约187亿张，每天新增约5800万张。此外，从2007年开始出现的谷歌、百度、腾讯等互联网厂商的在线地图街景服务也以标准化、均匀分布、全覆盖以及定期更新的优势成为城市图像的另一类重要来源，如谷歌街景覆盖至少39个国家3000个城市的500万英里（1英里=1.609千米）道路[60]，百度街景覆盖了我国372座城市的73.8万千米道路，腾讯街景已覆盖296座城市。除了互联网街景数据之外，当代城市图像数据的其他来源还包括脸书（Facebook）、推特（Twitter）、微博等社交媒体，居民个人的行车记录仪以及各类城市监控摄像头，甚至包括各类影视作品、视频资料中的城市场景等。

对城市研究者而言，上述各类城市图像数据中蕴含着关于城市社会、经济、文化变迁的大量信息，与以往抽象的、平面化的城市数据相比，新时期以信息化、互联网为媒介的图像数据更有利于展现城市的三维空间，内容也更为丰富直观。借助海量、互动及实时的特点，这些图像数据在城市研究（特别是城市特色风貌研究、城市设计等涉及主观评价与感性认知的研究）领域具有独特优势。伴随着相关数据的涌现以及计算机技术的日新月异，众多城市研究者与设计师们开始重视针对这些图像数据的挖掘与利用，以新城市图像数据为载体的城市图像研究正在悄然兴起。

随着大数据时代城市图像的海量增长，在传统人工判读的手段之外，计算机视觉技术正在被越来越多地应用于城市图像分析，形成了一个具有重大潜力的跨学科研究领域。计算机视觉是"通过数学算法回溯二维图像中的三维物体信息，并建立对图像的整体认知理解，以使机器具有与人类相似的视觉信息解译能力"的一门科学[61]，与其相关的研究问题包括图像处理、目标检测、目标跟踪、物体分类识别和定位、场景分类等。这一概念最早于 20 世纪 70 年代被提出[61]，经过近半个世纪的发展已成为一门涉及计算机科学、信号处理、物理学、应用数学、统计学、神经生理学、认知科学等领域的综合性学科，也是当前人工智能研究的热点领域。

由于图像中各类信息的复杂性（颜色、形状、纹理、几何特征、场景、物体分布、人体姿态等）以及较大的动态范围（如光线、阴影、角度的不同）和认知的主观性，试图让机器像人类一样"读懂"图像中的信息并非易事[62]。从 20 世纪 70 年代至今，这一领域的学者陆续采用了各种不同原理的计算方法，包括侧重图像几何特征的边界线检测、广义柱面，基于复杂数学模型的图像金字塔、由明暗恢复形状（shape from shading）、由纹理恢复形状（shape from texture），侧重特征识别的尺度不变特征变换（scale invariant feature transform，SIFT）、方向梯度直方图（histogram of oriented gradient，HOG），以及基于统计模型的机器学习等方法[61]。2010 年以来，深度学习方法成为了机器学习领域的热点之一，其在视觉任务上的应用也表现出了比传统机器学习方法更强大的能力，并取得了令人瞩目的成绩。2012 年，在基于目前世界上最大的图像识别数据库 ImageNet 举办的计算机视觉挑战赛中，深度学习算法实现了仅 15% 的图像识别错误率，较传统算法降低了 10% 以上，这一记录在 2015 年再次被降低为 4%，已超过了人类的视觉识别表现（错误率 5%）[63]。

目前，计算机视觉相关技术已被广泛应用于光学字符（如汽车牌号等)识别、生产质量检测、商品分拣、摄影测量与三维建模、医学图像分析、人脸识别、自动驾驶、图像搜索等领域[61]。近年来,除了对客观信息的识别提取,计算机视觉领域也开始越来越多地关注图像美学品质[64-66]、内容风格[67]、难忘程度[65]等主观认知课题。与这些研究相似,在城市图像研究方面,较早的研究主要围绕场景分类[68-72]、主体与背景划分[73-76]、照片拍摄地点识别[77-78]等客观任务展开,而最新的研究也更多地涉及城市环境审美评价[79-80]、人对城市环境的感知[79-83]、城市和建筑风格[60, 84-87]等课题,形成了计算机视觉与城市研究的交叉领域。

5.3.2 基于计算机视觉的城市感知增强

1. 城市环境的公众认知

城市环境的客观形态如何作用于人的主观认知是城市研究的关键问题,并且对城市规划与设计的实践具有重要的启示意义。但由于认知实验的操作复杂度、成本等因素,城市环境认知研究一直受到样本数量的限制。如今,计算机视觉对海量城市图像的自动化解读能力再结合互联网众包等参与模式,在很大程度上拓展了城市环境认知研究的规模与可能性。

Quercia 等采用计算机视觉相关方法挖掘了城市环境中影响审美认知的视觉要素[79, 83, 88]。为获得大量城市环境认知评价样本,研究组开设了 urbangems.org 网站收集公众对伦敦不同街区在美感、安静感、愉悦感三方面的认知评价,网站随机显示两幅来自谷歌街景或 Geograph 网站①的城市图像,要求用户分别比较并选取更具美感、更使人安静和愉悦的图像,研究共收集到 3300 余份比较结果。根据排序结果,研究组从色彩、图像肌理和视觉元素 3 个角度分析了 3 种认知感受的影响因素。研究发现,在色彩方面,存在 14 种颜色与美感、18 种颜色与安静感、12 种颜色与愉悦感有较强的相关关系;在图像肌理方面,横向肌理(大多对应人工构筑物)与负面感受相关性较强,而斜向和无方向肌理(大多对应自然景物)与正面感受相关性较强;在计算机识别出的全部 500 余个视觉元素中,维多利亚风格建筑局部、红砖墙、树木和树篱、住宅窗户等与正面感受相关,廉价住房、桥梁、护栏、勾花铁网、广告牌等与负面感受相关(图 5-5)。Quercia 等人的另一项研究关注了城市环境的可识别性,并开设了 urbanopticon.org 网站[83]。该网站沿袭了 Stanley Milgram[89]

---

① Geograph 官网,该网站致力于众包提供英国和爱尔兰"每平方千米最具代表性的"照片。

在 1972 年的"心理地图"（psychological map）认知实验，随机展示一幅来自谷歌街景的伦敦照片，由用户在地图上标注他认为的照片拍摄地点，通过整体的标注准确率评价城市不同区域的可识别性，并生成伦敦街区的可识别性地图。由于这项研究采用了互联网众包模式，在实验成本大为降低的同时样本量则大幅提高，网站在上线 5 个月内便收集到来自 2255 名用户的识别结果。

图 5-5　与美感相关的视觉元素识别结果

（黑点指示处为视觉元素，上排为与美感正相关，下排为与美感负相关）

（来源：参考文献 [79]）

彩图 5-5

目前，麻省理工学院媒体实验室（Media Lab）发起的 Place Pulse 网站是通过众包方式收集城市环境认知数据的最大平台[80]。该研究平台涉及的认知评价更为丰富，包括美感、宜居感、趣味感、压抑感、安全感、富裕感六个维度，并已覆盖全世界 56 座城市，研究同样通过两两比较的方式进行数据收集，要求用户在随机展示的两幅谷歌街景照片中选择"看起来更安全""看起来更富裕"的照片。网站至今已收集到近 140 万组比较结果，并计算了全部样本城市在六个维度的评价排名以及各城市的内部差异指数。

根据 Place Pulse 网站收集到的网民对 4109 幅街景照片的安全感打分（来自 91 个国家 7872 名用户的近 21 万次评价），Naik 等利用机器学习方法开发了预测安全感认知的 Streetscore 指数，算法的预测分值与照片真实分值之间的确定性系数（r^2）可达到 0.53[81]。如果将照片按照一定分数线分为"安全的街景"和"不安全的街景"（图 5-6），则算法的分类准确率可达到 93%。此外，Ordonez 和 Berg 也利用来自 Place Pulse 的 2920 幅照片的得分开发了模拟公众安全感、富裕感和独特感认知的预测算法，准确率达到 75% ~ 95%[82]。他们进一步将算法应用于整座城市，将计算机对城市街景的评价分数与真实家庭收入和自杀率数据相比较，得到二者之间的确定性系数（r^2）约为 0.5，这也在一定程度上验证了算法的有效性。

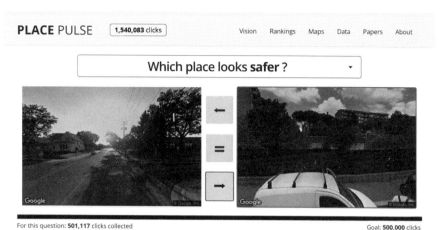

图 5-6　收集公众城市环境认知评价的 Place Pulse 网站
（来源：MIT 网站）

2. 城市与地区的文化解析

城市和建筑的发展与人们的观念、地方的文化密切相关，不同时代、不同地区的城市必然存在不同的风貌特征。计算机视觉技术的发展也使挖掘城市和建筑文化这一传统话题成为可能。线上城市图像数据往往具有地理位置、风格、年代等"标签"信息，基于这些标签，计算机视觉技术可以通过各类判别算法筛选出具有识别性的图像信息，从而对城市与建筑文化进行解析。

Doersch 等在名为《巴黎之所以为巴黎》（*What makes Paris look like Paris?*）的文章中提出，利用机器学习方法自动识别最能够体现巴黎城市特质的风格元素，能够发现这类元素并非来自于少数标志性建筑或场所，而是存在于普通住宅、街道等日常场景中，可以体现出城市间细微的风格差异（图 5-7）[84]。研究抓取了来自巴黎、伦敦、布拉格、旧金山等 12 个城市的约 12 万幅谷歌街景照片，从所有照片中提取大量大小不等的正方形图块，然后采用判别聚类算法多次循环，从总计几千万个图块中筛选出在巴黎街景中经常出现且在其他城市街景中很少出现的图块，以之作为用于体现巴黎城市特质的风格元素，最终得到的风格元素包括临街住宅的阳台栏杆、住宅落地窗与阳台的组合、阳台雕花、路灯、路牌、门廊等。经校验，计算机识别出的城市风格元素与艺术史学家 François Loyer 在《十九世纪的巴黎：建筑与城市》(*Paris nineteenth century: architecture and urbanism*) 一书中分析得到的特色元素大量一致。此外，研究还以前 100 名的风格元素为参照物对随机选取的街景照片"是否拍摄于巴黎"进行判断，发现准确率可达 83%，这也验证了计算机视觉技术应用的有效性。

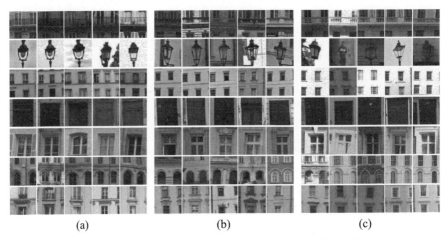

图 5-7　由机器学习得到的具有地域识别性的建筑要素
（a）巴黎；（b）布拉格；（c）伦敦
（来源：参考文献 [84]）

同样以识别城市特征为目的，Zhou 等从城市场景角度进行了尝试，其研究首先采用深度学习方法，根据 14 000 余张标定了场景内容（包括"自然""就餐""开放空间"等）的城市图像训练城市场景识别算法，并将 100 余种场景内容归纳为 7 种特征属性，包括绿地、水体、交通、建筑、高楼、体育活动和社会活动[90]。在此基础上，他们研究了从 Panoramio 网站抓取的来自全世界 21 个城市 200 万幅带有地理标记的照片，采用判别聚类算法测试了将每一种特征属性应用于识别城市的准确度以及在不同城市组合间的混淆度，发现了一系列体现城市特色的场景，如阿姆斯特丹的运河游船、东京的狭窄街道等。

与上述研究类似，有研究以建筑风格或年代等属性作为图像标签，通过计算机视觉技术对建筑文化的分布与演变进行识别[60, 85-87, 91]。较早的研究包括 Shalunts 等采用 SIFT 算法对窗和穹顶的建筑风格进行识别，但研究的样本数量和信息复杂度都较为有限[85-86]。Xu 等抓取了来自维基百科的约 5000 幅带有 25 种风格标签的建筑图像（包括古埃及、巴洛克、哥特、新艺术运动、芝加哥学派等），采用可变形部件模型和多项

Logistic 回归构建建筑风格识别算法，研究准确率可达到 70%[87]。研究还依据风格之间的错判概率分析了风格间的沿袭关系，针对错判的两种主要情形——风格相近（一个建筑构件同时表现出不同风格的特征）和风格混合（同一座建筑的不同构件分别体现出不同风格），研究也做出了区分与细化，并可识别不同风格的交叉融合。Lee 等通过谷歌街景与巴黎地籍数据获得了两万幅街景照片的建筑年代信息（分为 1800 年以前、1801—1850 年等十个时间段），采用 HOG 方法从中识别出各个年代的特征元素，如 19 世纪初至 50 年代的百叶窗扇、小阳台，20 世纪初至 40 年代的红砖墙、白色窗过梁等，体现出了现代建筑潜在的发展脉络[60]。这种计算机视觉技术既可用于建筑年代的识别，也可用于分析门、窗、阳台等建筑构件的风格演变过程，为建筑师和理论家提供新的研究工具。

3. 城市环境与社会经济发展的耦合分析

城市环境与社会经济发展之间的耦合关系也是城市研究的一项重点课题。以"光辉城市""田园城市"等为代表的大多数现代建筑和城市规划主张都在一定程度上隐含了物质与社会形态协同演化的思想[80, 92]。同样，社会学、经济学等相关领域的理论也或多或少地反映出对物质环境的关注，如"破窗理论"认为，物质环境的混乱会引发社会秩序的紊乱[80]。计算机视觉对城市环境的大规模计算与识别能力也为分析相关问题提供了新的途径。

Quercia 等的街区可识别性研究关注了可识别性与社会经济属性的关系，研究发现低收入社区的建成环境可识别性往往也较低[83]。麻省理工学院媒体实验室根据 Place Pulse 网站收集的认知数据分析了建成环境安全感、富裕感、独特感与犯罪活动之间的关系，发现建成环境的优劣可对犯罪率的高低提供独立的解释力[80]。Naik 等在开发出街区安全感认知算法的基础上进一步将多时相的建成环境安全感打分与社会经济指标相结合，探索建成环境变迁与社会经济发展之间的关联[92]。其研究首先对 2007 年和 2014 年拍摄于纽约、底特律等 5 个美国主要城市的谷歌街景照片进行筛选、配对以及计算机打分，得到同一地点在不同年份的安全感得分（图 5-8）。通过街景安全感得分与美国人口普查数据（包括人口密度、受教育程度、收入等信息）以及社会经济调查数据的相关性分析，研究试图回答 4 个问题：社区安全感得分与社会经济属性之间有何关系、当前的社会经济指标是否能预测未来的建成环境变迁趋势、当前的建成环境状况是否能预示未来社会经济发展趋势、建成环境变迁和社会经济发展是否存在协同关系。研究发现，建成环境变迁与社区人口密度和受教育程度最为相关。此外，该研究还在一定程度上为长期以来关于社区演变的"侵入"（Invasion）、"临界"（Tipping）和"过滤"（Filtering）3个理论假说提供了支持。

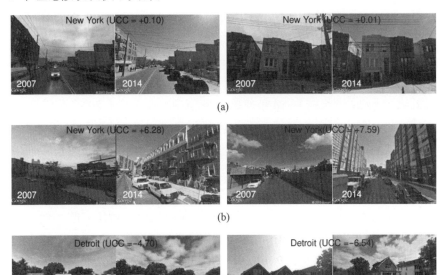

图 5-8　由街景安全性机器打分识别出的建成环境演变趋势
（a）无明显变化；（b）明显提升；（c）明显衰退
（来源：参考文献 [81]）

4. 城市风貌评估

由于受到时间、人力等方面的限制，以往的城市风貌研究很少能够整体、精细地覆盖整个城市，而将计算机视觉应用于这一领域则有可能实现对城市风貌与城市设计品质的全面、大规模、自动化评估。在我国城市建设进入存量阶段的背景下，这一方法对全面梳理十余年快速城市化所形成的城市面貌、在新的发展阶段有的放矢地开展城市更新与设计等具有重要的现实意义。

对此，笔者从沿街建筑立面品质、街道建筑界面连续性这两项对城市风貌具有重要影响的变量入手，开发了可用于大规模评估我国城市风貌的深度学习算法[93]。以北京五环内为研究范围，笔者的研究首先以200 米间距抓取了来自百度地图的 36 万幅街景照片，从中随机选取约3500 幅，根据我国城市风貌的现实状况制定打分规则，以对立面品质与界面连续性进行专家打分。研究采用前沿的 AlexNet、GoogLeNet[①] 等深度学习算法,使模型表现较传统算法得到进一步提高。研究将算法应用于全部照片,得到北京建筑立面品质和界面连续性评估地图,针对照片与真实体验在视角、光线、阴影、动态等方面的差异可能造成偏差的问题,研究进一步以问卷调查的方式在 56 个随机选取的地点收集了 752 份路人现场打分,并将之与机器打分结果进行比对,发现在立面品质和界面连续性两方面的相关系数都接近 0.7,这说明本研究所采用的算法基本可以反映人们城市环境中的真实体验(图 5-9,颜色越深代表评估得分越高)。在后续研究中,其他城市风貌变量如建筑风格、立面材质、体量尺度等以及建筑群体的和谐度、多样性等都可被输入机器学习模型,从而全面、量化与动态地评估我国城市的风貌(详见第 9 章)。

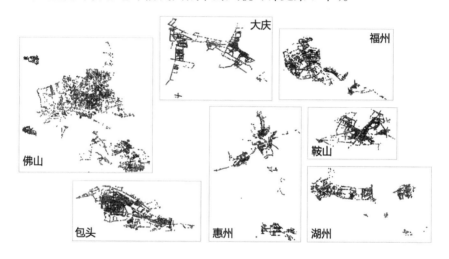

图 5-9 采用深度学习算法获得的城市风貌评估结果

5.3.3 研究展望

基于人工智能的计算机视觉与海量城市图像数据在带来信息科技变革的同时也为城市研究提供新的可能,其大规模、自动化的分析能力使许多原先有赖人工收集与判别数据的课题得以在史无前例的规模和尺度下开展,为传统问题带来新的分析视角并提出新的问题。但人们也应注意到,这类技术方法由于受到理论侧重、发展水平等因素的制约,在城市研究的应用中也存在着一定的局限性。

---

① AlexNet 和 GoogLeNet 分别是在 2012 年和 2014 年的 ImageNet 大规模视觉识别挑战赛中获胜的深度学习算法。

基于城市与建筑特征识别等研究，计算机视觉将有助于以科学化、定量化的方式认识地方城市与建筑文化，并探讨地方文化的形成、传播与传承规律，对研究建筑史和城市史都有一定借鉴意义[84]。对此，Doersch 等在 *What makes Paris look like Paris* 一文中提出了地理文化计算模拟领域（computational geo-cultural modelling）。以巴黎为例，Doersch 等在上文所述城市风格元素识别的基础上开展了以下分析：一是不同风格元素在城市内部的分布规律，如带有铸铁栏杆的阳台多出现在里沃利大街、圣米歇尔大街等大道两侧，而带有铸铁栏杆的窗户则多出现在较窄的道路两侧等；二是单体建筑在不同尺度上的风格来源，如从对巴黎五区一栋住宅的分析可知，它的石材阳台栏杆更具欧洲风格、带有百叶的落地窗更具法国风格、窗周围的石材拼砌样式更体现出其所在街区的特征；三是比较不同城市的风格差异，不仅可比较门、窗等局部细节，还可识别高度、比例等整体结构，如巴黎的房屋往往各个楼层高度相等，伦敦则往往底层最高之类。在我国当前"千城一面"的现实背景下，这类研究对深入挖掘我国城市地域文化、有效重塑我国城市特色风貌等目标可提供相当有价值的启示。

计算机视觉技术使整体、大规模量化评估城市景观成为可能。随着街景照片和其他城市图像在时间和空间上的积累，这项技术将有能力实现对城市风貌的动态监控，以每月或每年更新的方式随时感知建成环境品质变化，为规划设计应对提供数据支持。例如，可通过计算机视觉算法识别在城市设计方面有待提升的片区，并对其要改造的紧迫程度进行排序，为城市管理与设计机构的决策管控及设计规划提供依据。不仅如此，相关技术还可在城市整体尺度上对界面连续性、风格和谐度等城市设计问题进行诊断，据此制定有针对性的城市设计导则；在此基础上，还可在全国尺度上开展城市设计品质排名，在城市发展评估指标中纳入风貌品质要素，丰富城市发展的评价维度与指标体系。

此外，计算机视觉中的人脸识别、车辆识别技术等还可被应用于人群活动研究，解析不同地点的人流量、车流量分布，并识别性别、年龄、表情、着装等更细化的人群属性，可被用于对商业活力、公共空间使用情况等问题的分析。随着智慧城市建设中越来越多的监控摄像设备被部署，计算机视觉与智慧城市的结合也被认为具有相当的研究与应用潜力。

然而，虽然计算机视觉在某些场景下已可以与人类视觉的表现相媲美甚至超过人类的表现，但整体而言，这项技术仍然有待提升。例如，如果单纯识别面部特征而不考虑人体的其他因素，人类识别人类个体的正确率约为 97.5%，而计算机目前已能达到 99% 以上，但在复杂光照和远距离的真实环境下，人类能够更智能地选择身材、体态等分支条件辅助身份识别决策，而计算机在这方面则逊色许多[3]。此外，对于具有丰富理论与经验体系的城市设计领域，计算机视觉对城市图像的评价依据是否具有理论有效性也是一个有待研究的问题。例如，ImageNet 挑战赛 2013 年的获胜队伍提出了一套用于回溯机器学习过程的算法，可提取机器学习每一步涉及的图像特征，从而加深对计算过程的理解，并有助于调整与改进算法[94]。

此外，虽然城市图像能够反映环境的丰富信息，但其仍与真实体验存在某些差异。例如，图像对比度、饱和度、明度、色相、清晰度以及拍照时间、天气状况等因素都可能造成图像表现与人类的现场感知之间的差异[80]，特别是光照强度、角度的不同可能会营造出丰富的建筑光影变换，这也是单幅图像所无法体现的；同时，人在城市环境中的真实体验并非来自静态、单一的视角，而是来自动态、连续的过程，且受到自身社会、经济、文化背景以及情绪与既有观念等因素的影响。因此，基于城市图像的研究结果的准确程度仍需要接受一定的验证与校核。

最后要指出的是，由计算机视觉方法所得到的结果往往反映的是人们对现有建筑和城市环境的看法，是一种"趋同"的观念，而突破性、创新性、前瞻性的设计则往往会被计算机模型给予负面的评价，过于倚重这种计算机评价可能会导致过分强调文化的延续性而非创造性[95]。因此，这类方法的适用场景需要受到进一步分析，其中有关价值判断的设定更是涉及辨析人文与科技、创新与记忆等问题，这既是目前计算机视觉方法可能存在的局限，更是未来值得跨学科深入挖掘的前沿领域。

5.4　讨论：弱人工智能与通用人工智能

综上所述，到目前为止人工智能技术的进展主要体现在如棋类对弈、语音识别、自动驾驶等高度专业化的细分任务上，更准确地说这些成就属于弱人工智能（或称"狭义人工智能""应用人工智能"）的范畴。虽然这类技术具有强大的计算能力，能够在大量数据驱动下对复杂的非线性映射关系做出推断，完成一些能体现人类智能的计算任务，但很难说它们能像人类一样理解、思考和自主学习。对城市规划与管理而言，如本章所呈现的，这类智能技术较多地被应用于模式识别、参数校准，但在沟通协调利益主体、制定发展战略等城市规划与管理核心问题方面的应用则相对较少。

与弱人工智能相对应的是，一部分研究人员也在探索具有完整人类智慧、可以与人类大脑等同的强人工智能（或称通用人工智能，artificial general intelligence，AGI）[96]。事实上，20世纪50年代最初的人工智能研究正是以模仿人脑思维并提供智能任务的通用解决方法为目标，但在经历了5.1节所提到的种种挫折之后，通用人工智能目前已被边缘化为一项小众研究领域[97]，但即便如此，通用人工智能仍可能是人工智能研究的远期方向与结果。2014年进行的一项针对550名人工智能专家的调查显示，专家们认为人类有50%可能性实现人类水平机器智能（human-level machine intelligence，HLMI）的中值年份是2040年，认为有90%可能性实现的中值年份是2075年[98]。

虽然通用人工智能的发展前景还极不明朗，但可以确定的一点是，城市规划与管理的核心需求与当前很多人工智能应用领域大为不同。无论是图灵测试还是咖啡测试①[99]都强调让机器获得从事人类基本、日常智能活动的能力，相关的一个流行概念被称为"莫拉维克悖论"（Moravec's paradox）——让计算机解决对人类来说存在智力挑战的问题是相对简单的，而让计算机解决对人类来说简单的问题则往往更为困难[100]。然而，城市管理对人类和机器而言都非易事，相关问题经常难以被清晰定义，其多数涉及复杂的制度因素，是最难最复杂的一类问题[58]，即便对人类而言也需运用最高级的思考能力。对此，麦克·巴蒂在《环境与规划B》的社论文章中写道，"我们领域的核心问题比那些人工智能领域目前炙手可热的研究问题在本质上要复杂的多"[57]。

因此，也有学者谨慎地表示，"城市问题的复杂性意味着人工智能系统只能作为决策辅助而非对专业判断的替代"[58]。可以预见，这类判断在短期内将仍然适用，但在更长期的发展中，人工智能是否有可能真正理解并执行"协商""沟通""政治"等概念，在解决城市管理最核心问题方面发挥更多作用，这将是未来值得关注的课题。

参考文献

[1]　RUSSELL S, NORVIG P. Artificial intelligence: a modern approach[M]. Essex, UK: Pearson

---

① 咖啡测试，又称沃兹尼亚克咖啡测试（Wozniak coffee test），是指将一部机器带到任何一个普通的美国家庭中，测试它是否可以不经刻意编程就懂得如何泡好一杯咖啡，其操作包括在陌生空间中找到咖啡机、咖啡和水，了解咖啡机的按钮操作等。如果一个机器可以完成这些操作，那么就可以认为它具有了通用人工智能。

Education Limited, 2013.
[2] LOUKIDES M, LORICA B. What is artificial intelligence?[EB/OL]. (2016-06-29)[2018-04-09]. https://www.oreilly.com/ideas/what-is-artificial-intelligence.
[3] HAUGELAND J. Artificial intelligence: the very idea[M]. Cambridge, Massachusett: MIT press, 1989.
[4] BELLMAN R. An introduction to artificial intelligence: can computer think?[M]. San Francisco: Boyd & Fraser, 1978.
[5] CHARNIAK E, MCDERMOTT D. Introduction to artificial intelligence[M]. Boston, Massachusett: Addison-Wesley, 1985.
[6] WINSTON P H. Artificial intelligence[M]. Boston, Massachusett: Addison-Wesley, 1992.
[7] KURZWEIL R. The age of intelligent machines[M]. Cambridge, Massachusett: MIT Press, 1990.
[8] RICH E, KNIGHT K. Artificial intelligence[M]. New York: McGraw-Hill, 1991.
[9] POOLE D, MACKWORTH A, GOEBEL R. Computational intelligence: a logical approach[M]. New York and Oxford: Oxford University Press, 1998.
[10] NILSSON N J. Artificial intelligence: a new synthesis[M]. San Francisco, California: Morgan Kauffmann Publishers, 1998.
[11] TURING A M. Computing machinery and intelligence[J]. Mind, 1950, 59 (236): 433.
[12] BOSTRÖM N. Superintelligence: paths, dangers, strategies[M]. Oxford, UK: Oxford University Press, 2014.
[13] HENDLER J. Avoiding another AI winter[J]. IEEE intelligent systems, 2008, 23 (2): 2-4.
[14] PRENDERGAST K A, WINSTON P H. The AI business: the commercial uses of artificial intelligence[M]. Cambridge, Massechusett: MIT Press, 1984.
[15] ENSLOW B. The payoff from expert systems[J]. Across the board, 1989, Jan/Feb: 54-58.
[16] LIGHTHILL J. Artificial intelligence: a general survey[R]. London: British Science Research Council, 1973.
[17] DANOWITZ A, KELLEY K, MAO J, et al. CPU DB: recording microprocessor history[J]. Communications of the ACM, 2012, 55 (4): 55-63.
[18] BANKO M, BRILL E. Scaling to very very large corpora for natural language disambiguation[C]//The 39th Annual Meeting on Association for Computational Linguistics. 2001: 26-33.
[19] BOROWIEC S. AlphaGo seals 4-1 victory over Go grandmaster Lee Sedol[EB/OL]. (2016-03-15) [2018-01-31]. https://www.theguardian.com/technology/2016/mar/15/googles-alphago-seals-4-1-victory-over-grandmaster-lee-sedol.
[20] LINN A. Historic achievement: Microsoft researchers reach human parity in conversational speech recognition[EB/OL]. (2016-10-18)[2018-01-31]. https://blogs.microsoft.com/ai/historic-achievement-microsoft-researchers-reach-human-parity-conversational-speech-recognition/.
[21] NOVET J. Microsoft researchers say their newest deep learning system beats humans—and Google[EB/OL]. (2015-02-09)[2018-01-31]. https://venturebeat.com/2015/02/09/microsoft-researchers-say-their-newest-deep-learning-system-beats-humans-and-google/.
[22] BRADLEY R. Tesla Autopilot[EB/OL]. [2018-01-31]. https://www.technologyreview.com/s/600772/10-breakthrough-technologies-2016-tesla-autopilot/.
[23] WU N, SILVA E A. Artificial intelligence solutions for urban land dynamics: a review[J]. Journal of planning literature, 2010, 24 (3): 246-265.
[24] CORTES U, SANCHEZ-MARRE M, CECCARONI L, et al. Artificial intelligence and environmental decision support systems[J]. Applied intelligence, 2000, 13 (1): 77-91.
[25] FENG S, XU L. An intelligent decision support system for fuzzy comprehensive evaluation of urban development[J]. Expert systems with applications, 1999, 16 (1): 21-32.

[26] LEE B-H, SCHOLZ M, HORN A. Constructed wetlands: treatment of concentrated storm water runoff (part a)[J]. Environmental engineering science, 2006, 23 (2): 320-331.

[27] CHEN S H, JAKEMAN A J, NORTON J P. Artificial intelligence techniques: an introduction to their use for modelling environmental systems[J]. Mathematics and computers in simulation, 2008, 78 (23): 379-400.

[28] HARTVIGSEN G, JOHANSEN D. Co-operation in a distributed artificial intelligence environment—the StormCast application[J]. Engineering applications of artificial intelligence, 1990, 3 (3): 229-237.

[29] SRINIVASAN D, CHEU R L, POH Y P. Hybrid fuzzy logic-genetic algorithm technique for automated detection of traffic incidents on freeways[C]//2001 IEEE Conference on Intelligent Transportation Systems. 2001: 352-357.

[30] MOLLER-JENSEN L. Knowledge-based classification of an urban area using texture and context information in Landsat-TM imagery[J]. Photogrammetric engineering and remote sensing, 1990, 56: 899-904.

[31] STEFANOV W L, RAMSEY M S, CHRISTENSEN P R. Monitoring urban land cover change: an expert system approach to land cover classification of semiarid to arid urban centers[J]. Remote sensing of environment, 2001, 77 (2): 173-185.

[32] SCHNEIDER A. Monitoring land cover change in urban and peri-urban areas using dense time stacks of Landsat satellite data and a data mining approach[J]. Remote sensing of environment, 2012, 124: 689-704.

[33] SHARPE R, MARKSJO B, CHEN Q. Expert systems for urban and building planning and management[J]. Computers, environment and urban systems, 1991, 15 (3): 109-124.

[34] WEBSTER C J, HO C S, WISLOCKI T. Text animation or knowledge engineering?: Two approaches to expert system design in urban planning[J]. Computers, environment and urban systems, 1991, 15 (3): 151-164.

[35] FEDRA K, WINKELBAUER L, PANTULU V R. Expert systems for environmental screening: an application in the lower Mekong basin[M]. Laxenburg, Austria: International Institute for Applied Systems Analysis, 1991.

[36] LEE T-Z, WU C-H, WEI H-H. KBSLUA: A knowledge-based system applied in river land use assessment[J]. Expert systems with applications, 2008, 34 (2): 889-899.

[37] YIZENGAW T, VERHEYE W. Application of computer captured knowledge in land evaluation, using ALES in central Ethiopia[J]. Geoderma, 1995, 66 (34): 297-311.

[38] KALOGIROU S. Expert systems and GIS: An application of land suitability evaluation[J]. Computers, environment and urban systems, 2002, 26 (23): 89-112.

[39] PIJANOWSKI B C, BROWN D G, SHELLITO B A, et al. Using neural networks and GIS to forecast land use changes: A land transformation model[J]. Computers, environment and urban systems, 2002, 26 (6): 553-575.

[40] LI X, GAR-ON YEH A. Data mining of cellular automata's transition rules[J]. International journal of geographical information science, 2004, 18 (8): 723-744.

[41] BROWN I. Modelling future landscape change on coastal floodplains using a rule-based GIS[J]. Environmental modelling & software, 2006, 21 (10): 1479-1490.

[42] LIU X, LI X, SHI X, et al. Simulating land-use dynamics under planning policies by integrating artificial immune systems with cellular automata[J]. International journal of geographical information science, 2010, 24 (5): 783-802.

[43] YOO S, IM J, WAGNER J E. Variable selection for hedonic model using machine learning approaches: a case study in Onondaga County, NY[J]. Landscape and urban planning, 2012, 107 (3): 293-306.

[44] ARENTZE T, TIMMERMANS H. Modeling learning and adaptation processes in activity-travel choice: A framework and numerical experiment[J]. Transportation, 2003, 30 (1): 37-62.

[45] TORRENS P, LI X, GRIFFIN W A. Building agent‐based walking models by machine-learning on diverse databases of space-time trajectory samples[J]. Transactions in GIS, 2011, 15 (s1): 67-94.

[46] CHOI K, KIM T J. A hybrid travel demand model with GIS and expert systems[J]. Computers, environment and urban systems, 1996, 20 (45): 247-259.

[47] KUYER L, WHITESON S, BAKKER B, et al. Multiagent reinforcement learning for urban traffic control using coordination graphs[C]//Joint European Conference on Machine Learning and Knowledge Discovery in Databases. 2008: 656-671.

[48] AREL I, LIU C, URBANIK T, et al. Reinforcement learning-based multi-agent system for network traffic signal control[J]. IET intelligent transport systems, 2010, 4 (2): 128-135.

[49] MURNION S D. Spatial analysis using unsupervised neural networks[J]. Computers & geosciences, 1996, 22 (9): 1027-1031.

[50] WITLOX F. MATISSE: a relational expert system for industrial site selection[J]. Expert systems with applications, 2003, 24 (1): 133-144.

[51] JUN C. Design of an intelligent geographic information system for multi-criteria site analysis[J]. URISA Journal, 2000, 12 (3): 5-17.

[52] WYATT R. An intelligent planning machine[J]. Computers, environment and urban systems, 1991, 15 (3): 203-214.

[53] YAN W, SHIMIZU E, NAKAMURA H. A knowledge-based computer system for zoning[J]. Computers, environment and urban systems, 1991, 15 (3): 125-140.

[54] ARENTZE T A, BORGERS A W, TIMMERMANS H J. Progress in design & decision support systems in architecture and urban planning[M]//ARENTZE T A, BORGERS A W, TIMMERMANS H J. A heuristic method for land-use plan generation in planning support systems. Eindhoven: Eindhoven University of Technology, 2006: 135-151.

[55] AVOURIS N M. Cooperating knowledge-based systems for environmental decision support[J]. Knowledge-based systems, 1995, 8 (1): 39-54.

[56] AVESANI P, PERINI A, RICCI F. Combining CBR and constraint reasoning in planning forest fire fighting[C]//The 1st European Workshop on Topics in Case-Based Reasoning. 1993: 325-328.

[57] BATTY M. Artificial intelligence and smart cities[J]. Environment and planning b: urban analytics and city science, 2018, 45 (1): 3-6.

[58] KIM T J, WIGGINS L L, WRIGHT J R. Expert systems: applications to urban planning [Z]. New York; Springer. 1990.

[59] EGGERS W D, SCHATSKY D, VIECHNICKI P. AI-augmented government: Using cognitive technologies to redesign public sector work[EB/OL]. (2017-04-26)[2018-04-11]. https://www2.deloitte.com/insights/us/en/focus/cognitive-technologies/artificial-intelligence-government.html#endnote-40.

[60] LEE S, MAISONNEUVE N, CRANDALL D, et al. Linking past to present: discovering style in two centuries of architecture[C]//2015 IEEE International Conference on Computational Photography. 2015: 1-10.

[61] SZELISKI R. Computer vision: algorithms and applications[M]. London: Springer, 2011.

[62] 微软亚洲研究院. 计算机视觉：让冰冷的机器看懂这个多彩的世界 [EB/OL]. (2015-02-10) [2016-08-08]. http://www.msra.cn/zh-cn/news/features/computer-vision-20150210.aspx.

[63] The Economist. From not working to neural networking[EB/OL]. (2016-06-25)[2018-04-11]. https://www.economist.com/news/special-report/21700756-artificial-intelligence-boom-based-

old-idea-modern-twist-not.

[64] DHAR S, ORDONEZ V, BERG T L. High level describable attributes for predicting aesthetics and interestingness[C]//2011 IEEE Conference on Computer Vision and Pattern Recognition. 2011: 1657-1664.

[65] ISOLA P, PARIKH D, TORRALBA A, et al. Understanding the intrinsic memorability of images[C]//Neural Information Processing Systems 2011. 2011: 2429-2437.

[66] MARCHESOTTI L, PERRONNIN F, LARLUS D, et al. Assessing the aesthetic quality of photographs using generic image descriptors[C]//2011 IEEE International Conference on Computer Vision. 2011: 1784-1791.

[67] YONG J L, EFROS A A, HEBERT M. Style-aware mid-level representation for discovering visual connections in space and time[C]//2013 IEEE International Conference on Computer Vision. 2013: 1857-1864.

[68] LAZEBNIK S, SCHMID C, PONCE J. Beyond bags of features: spatial pyramid matching for recognizing natural scene categories[C]//2006 IEEE Computer Society Conference on Computer Vision and Pattern Recognition. 2006: 2169-2178.

[69] LI L, SU H, LIM Y, et al. Objects as attributes for scene classification[C]//The 11th European Conference on Computer Vision Workshops. 2010: 57-69.

[70] PATTERSON G. SUN attribute database: discovering, annotating, and recognizing scene attributes[C]//2012 IEEE Conference on Computer Vision and Pattern Recognition. 2012: 2751-2758.

[71] SUDDERTH E B, TORRALBA A, FREEMAN W T, et al. Learning hierarchical models of scenes, objects, and parts[C]//The 10th IEEE International Conference on Computer Vision. 2015: 1331-1338.

[72] XIAO J, HAYS J, EHINGER K A, et al. SUN database: large-scale scene recognition from abbey to zoo[C]//2010 IEEE Computer Society Conference on Computer Vision & Pattern Recognition. 2010: 3485-3492.

[73] GOULD S, FULTON R, KOLLER D. Decomposing a scene into geometric and semantically consistent regions[C]//IEEE 12th International Conference on Computer Vision. 2009: 1-8.

[74] IOVAN C, PICARD D, THOME N, et al. Classification of urban scenes from geo-referenced images in urban street-view context[C]//The 11th International Conference on Machine Learning and Applications. 2012: 339-344.

[75] LADICKY L U, RUSSELL C, KOHLI P, et al. Associative hierarchical CRFs for object class image segmentation[C]//IEEE 12th International Conference on Computer Vision. 2009: 739-746.

[76] TIGHE J, LAZEBNIK S. Finding things: image parsing with regions and per-exemplar detectors[C]//2013 IEEE Conference on Computer Vision and Pattern Recognition. 2013: 3001-3008.

[77] HAYS J, EFROS A. IM2GPS: estimating geographic information from a single image[C]//2008 IEEE Conference on Computer Vision and Pattern Recognition. 2008: 1-8.

[78] ZAMIR A R, SHAH M. Accurate image localization based on google maps street view[C]//The 11th European Conference on Computer Vision. 2010: 255-268.

[79] QUERCIA D, O'HARE N K, CRAMER H. Aesthetic capital: what makes London look beautiful, quiet, and happy?[C]//The 17th ACM Conference on Computer Supported Cooperative Work & Social Computing. 2014: 945-955.

[80] SALESSES P, SCHECHTNER K, HIDALGO C A. The collaborative image of the city: mapping the inequality of urban perception[J]. PLoS one, 2013, 8 (7): e68400.

[81] NAIK N, PHILIPOOM J, RASKAR R, et al. Streetscore--predicting the perceived safety of one

[81] million streetscapes[C]//2014 IEEE Conference on Computer Vision and Pattern Recognition Workshops. 2014: 793-799.

[82] ORDONEZ V, BERG T L. Learning high-level judgments of urban perception[C]//The 13th European Conference on Computer Vision. 2014: 494-510.

[83] QUERCIA D, PESCE J P, ALMEIDA V, et al. Psychological maps 2.0: a web engagement enterprise starting in London[C]//The 22nd International Conference on World Wide Web. 2013: 1065-1076.

[84] DOERSCH C, SINGH S, GUPTA A, et al. What makes Paris look like Paris?[J]. ACM transactions on graphics, 2012, 31 (4).

[85] SHALUNTS G, HAXHIMUSA Y, SABLATNIG R. Architectural style classification of building facade windows[C]//The 9th International Symposium on Visual Computing. 2011: 280-289.

[86] SHALUNTS G, HAXHIMUSA Y, SABLATNIG R. Architectural style classification of domes[C]//The 8th International Symposium on Visual Computing. 2012: 420-429.

[87] XU Z, TAO D, ZHANG Y, et al. Architectural style classification using multinomial latent logistic regression[C]//The 13th European Conference on Computer Vision. 2014: 600-615.

[88] QUERCIA D, SCHIFANELLA R, AIELLO L M. The shortest path to happiness: recommending beautiful, quiet, and happy routes in the city[C]//The 25th ACM Conference on Hypertext and Social Mdia. 2014: 116-125.

[89] MILGRAM S. A psychological map of New York City[J]. American scientist, 1972, 60: 194-200.

[90] ZHOU B, LIU L, OLIVA A, et al. Recognizing city identity via attribute analysis of geo-tagged images[C]//The 13th European Conference on Computer Vision. 2014: 519-534.

[91] GOEL A, JUNEJA M, JAWAHAR C. Are buildings only instances?: Exploration in architectural style categories[C]//The 8th Indian Conference on Vision, Graphics and Image Processing. 2012: 1-8.

[92] NAIK N, KOMINERS S D, RASKAR R, et al. Computer vision uncovers predictors of physical urban change[J]. Proceedings of the national academy of sciences, 2017, 114 (29): 7571-7576.

[93] LIU L, SILVA E A, WU C, et al. A machine learning-based method for the large-scale evaluation of the qualities of the urban environment[J]. Computers, environment and urban systems, 2017, 65: 113-125.

[94] ZEILER M D, FERGUS R. Visualizing and understanding convolutional networks[C]//2014 European Conference on Computer Vision. 2014: 818-833.

[95] 比尔·希利尔. 空间是机器——建筑组构理论 [M]. 杨滔, 张佶, 王晓京, 译. 北京: 中国建筑工业出版社, 2008.

[96] SEARLE J R. Minds, brains, and programs[J]. Behavioral and brain sciences, 1980, 3 (3): 417-424.

[97] GOERTZEL B, PENNACHIN C. Artificial general intelligence[M]. Berlin and Heidelberg: Springer, 2007.

[98] MULLER V C, BOSTROM N. Fundamental issues of artificial intelligence[M]//MULLER V C, BOSTROM N. Future progress in artificial intelligence: a survey of expert opinion. Cham: Springer, 2016: 555-572.

[99] GOERTZEL B. Artificial general intelligence: concept, state of the art, and future prospects[J]. Journal of artificial general intelligence, 2014, 5 (1): 1-48.

[100] MORAVEC H. Mind children: The future of robot and human intelligence[M]. Cambridge, Massachusett: Harvard University Press, 1988.

下篇
研究案例

第6章 信息感知与挖掘案例：城市人群活动规律挖掘

6.1 研究背景

大数据时代各类精细化的人群活动数据为感知城市运行发展状态提供了丰富的信息来源，相关数据包括手机信令、GPS定位、公交刷卡记录、社交媒体位置标签等。如何从大量人群活动数据中挖掘城市运行发展状态的重要信息？这是很多研究正在探索的问题。本章所展示的研究案例从地铁刷卡数据中挖掘了不同城市片区的人群活动模式与城市功能，可以为城市管理部门监测城市不同地点的人群行为、引导城市功能布局调整提供依据。在方法层面，这一研究案例提出了一种基于人群活动时间特征的挖掘方法，下文将进行详细介绍。

随着大数据的应用，已有不少研究对城市人群活动的时空特征与模式展开挖掘，但大多数研究在分析人群活动时间模式时都将一项活动视为发生于某个时间点，然后将一组活动的时间分布模式处理为一个时间序列，例如，计算每个小时的活动发生次数等。但事实上，一项活动并非仅发生于某一个时间点，而是会持续一段时间，当需要精确分析一组活动发生与持续的时间特征时，将每项活动简化为存在于一个时间点的行为则可能会使分析出现显著偏差。例如，人们的工作时间往往持续8小时甚至更长，不管将一项8小时的工作活动视作发生于一天的哪个时刻都显然有失偏颇。再如，人们由家到工作地的通勤出行活动可能持续半小时到1小时，而这段时间内城市交通所承载的压力需要以10分钟甚至1分钟为单位进行评估，因而无论将一次通勤出行的发生时间简化至哪个时刻都显得过于粗略。因此，为了提升对城市人群活动模式的分析精度，有必要改进对人群活动时间特征的分析方法，从活动开始时间、持续时间、周期规律等多个维度展开数据挖掘。

为了弥补上述针对现有研究的不足，笔者与合作者尝试提出一种新的城市人群活动时间模式分析方法，这种方法将同时考虑活动的开始和结束时间，分别以活动的开始和结束时间为 x 轴和 y 轴创建一个反映活动时间特征的二维平面，根据活动的开始和结束时间将每项活动表示为平面上的一个点，于是，一组活动的时间模式可被呈现为在时间平面上分布的一组活动点。这一思路在一定程度上可以被理解为将一维线性分析转换为二维平面分析——在平面分析中，分析对象通常可表示为以经纬度定义的二维平面中的点，其分布模式则为平面中的点分布。通过上述分析思路，笔者希望能够提供一种比现有方法更精细、全面的人群活动模式分析方法，并揭示一种新的人群活动时间模式。

6.2 相关研究回顾

6.2.1 分析人群活动的时间模式

如前文所述，现有大多数人群活动时间模式分析方法均可被视为时间序列分析及在此基础上进行的一系列常规统计分析[1]。这些研究往往认为活动发生于某个时间点，通常忽略活动开始和结束时间之间的差异，因此，一组活动的时间模式通常被表示为这些活动的属性特征（如次数、类型等）在时间序列上的变化情况。采用这类分析方法的研究非常多，如 Nelson 等以日期和时间为单位分析了英国卡迪夫和伍斯特两个城市中心暴力犯罪发生的时间模式，揭示了暴力犯罪水平最高的具体日期和时间[2]；Girardin 等通过手机信令与 Flickr 网站中游客照片的位置标签追踪意大利罗马的游客数字足迹，对罗马斗兽场等景点的游客活动波动规律进行了识别[3]；Luo 等采用含有位置标记的推特数据研究了芝加哥城市人群移动的时间特征，特别关注了人口特征对移动行为的影响[4]；Tan 等以西宁清真寺回族宗教活动的时间节律为案例，研究了民族对市民日常行为的影响[5]；Wu 等通过 24 小时内的社交媒体签到数据研究了深圳城市活力随时间产生的变化，并分析了影响城市活力的不同时空异质因素[6]。

但是，任何活动均会持续一段时间，而非仅发生于某个时间点，至少需要同时考虑活动的开始时间和结束时间才能对活动的时间模式做出全面分析[7-8]。特别是当时间计量单位较为精细时，活动的开始和结束时间可能存在较大差异，不宜被忽略。例如，一组人到访图书馆的活动，每个人进出图书馆的时间不同，平均在图书馆停留两小时。如果以天为时间计量单位，那么所有活动均可被视为发生在同一时间点，因为它们都是在同一天发生。但如果以小时、甚至分秒为时间计量单位，则难以仅通过一个时间序列描绘这组人到访图书馆的时间模式。因此，在分析人群活动的时间模式时，仅以某个时间点为活动存在的标志并采用一维时间序列进行分析可能存在诸多问题。

6.2.2 人群活动的时间 – 空间模式分析

如今，也有一些研究将活动视为存在于某个时间段的行为，这类研究大多属于活动时空模式分析，分析对象为个体一系列连续发生的活动记录，由于后一项活动的开始时间也反映了前一项活动的结束时间，因此从某种意义上讲，这类分析同时考虑了活动起始与结束时间的特征。在时空模式分析中，一系列活动可被视为按时间顺序排列的一系列记录，其中的每条记录由 <ID, S, T> 三个元素组成：ID 代表活动标识符，S 代表活动发生地点的空间坐标，T 代表活动发生的时间点[9]，常用数据来源包括由 GPS 记录的个体活动轨迹以及家庭出行调查所记录的个体一日活动等。

在时空模式分析方法中，瑞典地理学家 Hägerstrand 提出的时间地理学提供了多种分析框架，包括时空棱柱、时空路径等，如以时空棱镜方法构建一个以空间坐标为 x、y 轴并以时间为 z 轴的三维表示体系，根据每项活动发生的空间地点与起止时间将活动表示为三维空间中的一条线段，并将个体在一段时间内连续开展的活动前后相连为一条折线[10-12]。在此基础上，若干学者提出了多种分析活动时空模式的思路与方法，如 Kwan 等提出了一种评估个体活动时空模式相似度的计算方法[13]；Demsar 和 Virrantaus 在时空棱柱方法的基础上提出了三维时空轨迹密度概念与计算方法等[14]。对时空模式分析感兴趣的读者可以从 Bach 等和 An 等的综述文章中了解更多研究情况[15-16]。

上述研究均采用了比简单时间序列分析更为进阶的分析方法，区分了活动的开始和结束时间，但是这些研究与本研究之间仍存在一定差异。首先，现有研究所提出的分析方法需要同时纳入活动的空间位置变化，因此可能在分析固定地点的活动模式时遇到障碍。例如，采用时空棱柱方法很难表示与分析一幢写字楼中的人群工作活动时间模式（它们在时空棱柱中会呈现为一系列相互重叠的垂直线）。其次，现有研究同时关注活动的时间与空间模式，而非精细的时间模式分析——而后者是本研究的关注重点。最后，现有分析方法往往首先考虑活动的空间位置，然后附加时间信息（如以空间坐标为 x 轴和 y 轴、以时间为 z 轴对活动进行表征），相应的分析算法也往往更依赖空间信息，而本研究所提出的分析方法以活动的时间特征为出发点，创新地提出时间平面的概念，从新的视角来呈现人群活动时间模式。

需要明确的是，虽然笔者指出了现有方法的一系列不足，但现有方法与本研究提出的方法各有所长。本研究提出的方法更适用于具有以下特点的问题场景：①活动的时间特征较为重要；②活动的空间地点变化较少，或者所分析的活动可被视为发生在同一地点或片区；③人群移动的空间轨迹并非问题重点。

6.2.3　基于公交智能卡数据的人群活动分析

公共交通自动刷卡系统正在变得越加普及，由这类系统产生的智能卡数据可以提供详细的市民公交乘坐信息。与传统的交通出行调查相比，公交智能卡数据具有样本量大、自动采集、成本低和效率高等优势[17]，为了解城市人群行为提供了新的机会。近年来也有一系列研究对公交智能卡数据进行了挖掘，如 Ma 等提出了一种基于智能卡数据的挖掘算法，可以快速对市民公共交通出行模式进行建模[18]；Long 等综合智能卡数据、社交媒体签到数据和出租车轨迹等多源数据，评估了北京城市增长边界的有效性[19]；Gao 等利用智能卡数据研究了深圳市中低收入群体的空间分布变化[20]；Manley 等对智能卡数据所反映的时空行为的规律性进行了挖掘，发现由伦敦郊区出发的出行活动以及到达伦敦中心区的出行活动具有更高的规律性[21]。可以看到，全球很多主要城市都已有研究者开展基于公交智能卡数据的城市信息感知挖掘，包括英国伦敦[21]、中国上海和北京[7, 19]、新加坡[22]、韩国首尔[23]、澳大利亚布里斯班[24]等。

本研究与其他使用公交智能卡数据的研究之间主要存在两项差异。首先，现有研究大多通过智能卡数据探析更为宽泛的城市管理问题，如上文所提到的城市增长边界、中低收入人群分布问题等，而本研究则聚焦于人群活动模式这一基础问题。其次，从方法论的角度看，虽然现有研究所采用的智能卡数据挖掘方法已非常丰富，既包括简单的规则判断[25-26]，也包括更为复杂的算法[7, 23]，但大多仍是对智能卡刷卡的时间信息进行简化处理，未能对其中人群活动的时间模式进行精细化分析。

6.3　感知挖掘的方法

6.3.1　概念阐释

图 6-1 展示了在开始-结束时间平面内表示一项或多项活动的方法。假设有两项活动 A 和 B，其开始和结束时间分别为 x_a、x_b 和 y_a、y_b，l 是一

条 y=x 的 45° 直线，表示活动的开始时间与结束时间相同的非现实情况，所有活动均应位于 l 和 y 轴之间的区域内。可以推导，表示一项活动的点到 l 线的垂直距离表示该项活动的持续时间，例如，在这个例子中活动 A 的持续时间就比活动 B 更长。此外，两个活动点之间的距离可被视为相应活动开始和结束时间差异的综合度量，可以反映两项活动的共时性。

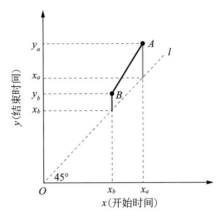

图 6-1　活动在开始 - 结束时间平面内的表示

6.3.2　基于公交刷卡数据的活动识别

本研究假设当公交智能卡持卡人从一个地铁站刷出后一段时间再次刷入同一地铁站，即可认为该持卡人在地铁站周边区域进行活动。也就是说，假设智能卡数据记录了一位持卡人的连续两次刷卡记录，S_e^i、T_e^i 分别代表持卡人第 i 次乘坐地铁的刷出站点和时间，S_s^{i+1}、T_s^{i+1} 分别代表持卡人第 $i+1$ 次乘坐地铁的刷入站点和时间，如果 $S_e^i = S_s^{i+1}$，则可以认为持卡人在（T_s^i, T_s^{i+1}）期间在地铁站周边区域进行活动。需要指出的是，持卡人也有可能在两次连续地铁出行之间通过其他交通方式（如步行、骑自行车、汽车等）前往更远的地点，但根据中国其他城市的经验数据，这类出行占比不到 5%[27]。因此总体而言，上述假设是基本合理的，也就是可以从持卡人的地铁刷卡记录中推测他的活动时空轨迹。

6.3.3　活动模式核密度估计

本研究首先将由地铁刷卡数据识别出的所有活动显示在时间平面内，得到一个直观的活动时间点分布。在此基础上，研究采用核密度估计方法对这些点在不同位置的分布密度进行量化分析，计算方式如下。

$$\lambda(s) = \sum_{i=1}^{n} \frac{1}{\pi r^2} k\left(\frac{d}{r}\right)$$

其中：$\lambda(s)$ 代表位置 s 的点密度；r 代表搜索半径；k 代表与位置 s 距离为 d 的 i 点的权重；k 通常被设定为 d 和 r 之间的比率函数（被称为"核函数"）[28]。核密度估计结果将形成一个平滑的连续平面，反映整个时间平面内的活动分布密度。

6.3.4 数据来源

本研究以上海市为案例，上海市占地面积 6341 平方千米，人口 2426 万，是全球最大的城市之一（图 6-2）。2014 年，上海全市有 15 条地铁线路（含磁浮线）和 313 个地铁站，地铁线路全长 577.6 千米（上海交通运输研究院，2015 年）。本研究通过与相关部门协作，获取了 2015 年 4 月 24 日至 30 日上海全市地铁系统的智能卡刷卡数据，共包含 2970 万次地铁出行，数据中的每条行程记录包括以下信息：卡号、刷入地铁系统的时间、刷出地铁系统的时间、起点站、终点站以及行程费用。经过数据预处理，共识别出 985 万次地铁站周边活动。

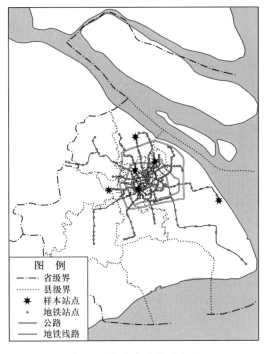

图 6-2　上海市地铁站点图

经测试，本研究将估计核密度所使用的栅格大小设置为 300 秒 ×

300 秒（即 5 分钟 × 5 分钟），将搜索半径设置为 1800 秒（即 30 分钟）。这样的参数设置可以较为清晰地展现上海市民活动的时间模式，并揭示其特征。需要指出的是，其他合理的参数组合设置也可得出与上述参数相类似的识别结果，为简洁起见，本研究将不再讨论其他参数组合下的结果。在此基础上，本研究进行了两组分析：一是由地铁刷卡数据识别出的所有上海市民在一周七天内的活动时间分布模式；二是全市不同地铁站点周边的活动时间模式及其差异，分析的结果详见 6.4 节。

6.4 感知挖掘结果

6.4.1 上海市民活动的整体时间模式

图 6-3 展示了采用常规时间序列方法对地铁站周边活动的时间模式识别结果，并分别展示了以活动开始和结束时间为依据的活动数量时间序列。图 6-4 展示了采用时间平面方法，同时考虑活动开始和结束时间所呈现的活动时间分布模式。显然，后者提供的信息较前者而言更丰富。

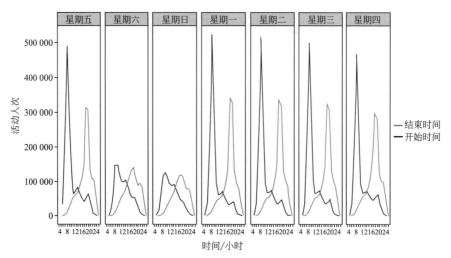

图 6-3 以时间序列呈现的活动时间模式

整体而言，从图 6-4 可以看出，所有市民活动点在时间平面上的分布十分不均匀，在工作日有四处主要的活动点聚集区，即在相应的活动开始、结束时间范围内存在大量活动，周末则有另外四处不同的活动点聚集区。在工作日，最突出的活动点聚集区位于时间平面左上角，根据此区域的坐标可知，位于这一区域的活动一般从 7:00 ~ 9:00 持续至 17:00 ~ 19:00，因此极有可能是上班或上学活动。工作日内的其他三处活动点聚集区由持续时间较短的活动组成，分别对应上午、下午和晚上的时间段。周末最突出的活动点聚集区沿 $y=x$ 分布，表明是大量短时活动，周末的其他活动点聚集区分别位于时间平面的左侧、右上角和左上角。

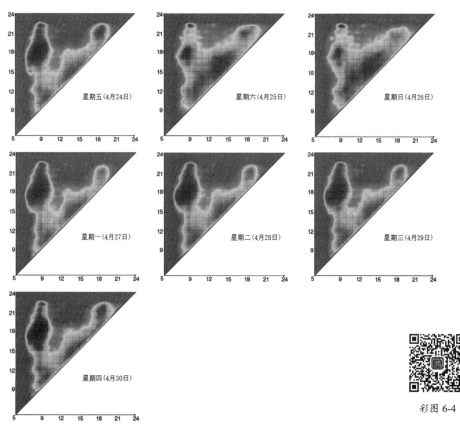

彩图 6-4

图 6-4　以时间平面呈现的活动时间模式（核密度）

工作日的上班/上学活动点聚集区总体呈现下宽上窄的形态，这是因为这些活动中结束较早的那些（18:00 前结束）开始时间差异较大（6:30 ~ 10:00），而结束较晚的那些（21:00 后结束）则开始时间差异较小（8:00 ~ 9:00）。值得注意的是，在这些通勤活动中有大量活动并未遵循典型的八小时工作制在 17:00 结束（即所谓的"朝九晚五"，早上 9:00 开始工作，晚上 17:00 结束工作）。虽然这有可能是在工作结束后继续在同一区域进行购物或休闲活动，但来自北京的出行调查数据显示，仅 1% 的上班族下班后会在工作场所附近区域（小于 1000 米）活动，因此这类活动更有可能是加班[27]。经研究计算可知，时间平面中这一区域活动的平均结束时间约为 18:00，最晚到 22:00（这是多条地铁线路的关闭时间）。

比较意外的是，在周末，在时间平面的类似位置出现了与工作日上班/上学活动相似的活动点聚集区。由于不大可能有大量人群进行长达七八小时的休闲或购物活动，因此可以合理地推测，这其中大部分活动为周末加班，这种加班甚至比工作日的上班/上学活动开始得更早、结束得更晚。上述结果表明，上海的市民生活中存在广泛且长时间的加班现象，本研究所提出的方法可以帮助城市管理部门对这类现象进行监测并服务于由此产生的特殊需求。

位于工作日上午时段的活动聚集区可能包括购物、接送、办理事务等活动，开始时间为 8:30 ~ 11:00，结束时间为 9:00 ~ 13:30，活动持续时间从不到 10 分钟到超过 4 小时不等，活动人员可能包括退休人群、无业人口等。下午时段的活动聚集区延伸范围更大，开始时间为 12:00 ~ 16:30，结束时间为 13:00 ~ 17:00，活动持续时间总体与上午的活动聚集区相似。在周末，很多活动可能由上午延伸至下午形成一整个活动聚集区。此外，在晚间也存在一个活动聚集区，这一区域的形状和大小在一周七天内不断变化，周一最小，周二至周五不断扩大，这表明晚间活动在工作日逐渐增加，然后周日再次减小。

6.4.2 上海不同片区市民的活动时间模式

6.4.1 节的分析内容也能够以每个地铁站为对象，得到每个地铁站周边地区人群活动的时间模式，从而为管理城市的不同片区提供支撑。本研究以活动时间模式差异较大的 6 个地铁站为案例，展现笔者提出的分析方法如何揭示不同城市片区人群活动的差异。6 个地铁站分别为富锦路站、五角场站、徐泾东站、新村路站、徐家汇站和浦东国际机场站，其中，富锦路站和徐泾东站位于上海地铁一号线的北端和二号线的西端，均位于城市外环线外；徐泾东站是新落成的国家会展中心所在地，在本研究的数据采集期间正在举办上海车展；与这些城市外围站点不同，五角场站和徐家汇站位于上海中环线内，是市内的两个商业中心，五角场站也是同济大学、复旦大学等知名高校的所在地；新村路站也位于中环线内，但主要是住宅区和一些办公场所；最后，浦东国际机场是上海的主要机场，可以反映交通枢纽地区的人群活动时间模式。表 6-1 显示了 2011 年上述站点 1 千米范围内的土地利用情况，虽然该数据早于本研究所采用的地铁刷卡数据，但由于近年来上海土地利用功能变化较慢，2011 年与 2015 年的土地利用情况很大程度上是一致的。

表 6-1 样本站点的土地利用情况 %

站点	土地利用类型			
	商业	住宅	绿地和水体	其他
富锦路站	0.0	7.5	7.9	84.6
五角场站	34.6	26.2	1.1	38.1
徐泾东站	3.9	9.2	4.7	82.2
新村路站	9.7	48.2	3.0	39.1
徐家汇站	25.3	38.7	4.5	31.5
浦东国际机场站	0.0	0.0	0.0	100.0

可以看出，不同地铁站点周边在时间平面上所呈现的活动时间模式具有很大差异（图6-5）。大多数地铁站点周边的活动时间模式均在时间平面左上角出现明显的聚集区，也即上班/上学活动。但有趣的是，不同地铁站点周边的上班/上学活动点聚集区的形状和活动密度均有差异，其中徐泾东站、五角场站和徐家汇站等的上班/上学活动点聚集区面积和密度较大，这表明相应片区的上班/上学活动数量较大且时间较为统一。此外，这些活动点聚集区的形状也存在差异，如徐泾东站的上班/上学活动点聚集区呈矩形，说明相应活动的开始和结束时间无明显关联；而徐家汇站的上班/上学活动点聚集区由一个位于18:00的短横组团和一个呈45°倾斜的组团构成，说明此处有较多人在18:00左右结束工作，同时也有一些更晚上班、更晚下班的人群；五角场站的上班/上学活动点聚集区由三个分别位于17:50、18:20和19:00的短横组团构成，说明存在三个较为集中的下班时间，可能为周边的道路和公共交通带来瞬时压力。

图6-5还显示了不同地铁站点周边上班/上学活动的开始和结束时间差异。如在富锦路站和新村路站，上班/上学活动点聚集区对应的活动开始时间在7:00~9:00，而徐泾东站、五角场站和徐家汇站相应的活动开始时间为8:00~9:00，原因可能是7:00~8:00开始的活动主要为上学活动，这也反映了不同城市片区的功能差异。上班/上学活动点聚集区对应的活动结束时间也在不同站点周边存在较大差异：富锦路站为17:00~18:00，五角场站、新村路站为17:00~19:00，徐家汇站为17:30~19:00，徐泾东站为18:00~19:30。此外，在徐家汇站和五角场站周边，上班/上学活动很多将持续至20:00后，说明这两个片区的加班现象尤为突出，特别是在徐家汇站，活动点在时间平面左上方形成一个小的聚集区，表明有大量活动在9:00~9:30开始，持续到大约22:00地铁停运时结束，这很有可能反映了一些较为极端的加班现象。

112 智能化城市管理：新数据、新技术与人机协同决策

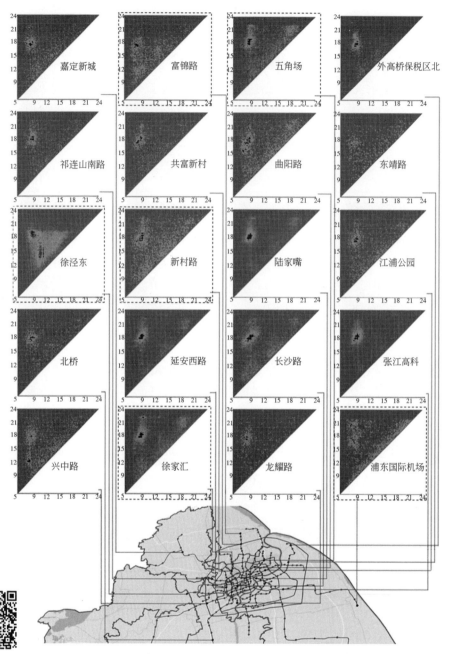

彩图 6-5

图 6-5　2015 年 4 月 24 日上海地铁样本站的活动时间模式

此外，比较上班/上学活动点聚集区与时间平面其他区域的点密度还可以评估城市不同片区工作/上学活动与其他活动之间的比例。例如，徐家汇站周边的上班/上学活动比例较高，在时间平面相应区域外活动点密度较低，而新村路站和富锦路站的上班/上学活动和其他活动数量

较为均衡。不同站点周边的短时活动点分布也存在差异，新村路站周边的短时活动在全天均匀分布，富锦路站周边在上午和午后短时活动较多，五角场站周边则晚上的短时活动较多。

由浦东国际机场站和徐泾东站的活动时间模式分布可清楚地观察到与城市特殊功能或特殊事件相关的活动模式。浦东国际机场站的短时活动密度明显高于其他片区且贯穿全天，可以推测这主要是在机场发生的接送活动。徐泾东站附近的国家会展中心在 2015 年 4 月 20 日至 29 日举办了上海国际车展，相应的，徐泾东站的活动时间模式随展会每日开闭呈三角形。

以徐家汇与上海另一主要商业区陆家嘴为例，图 6-6 中的红色区域表示两个商业区在 19:00 时正在发生的所有活动（对应热力图中的人群活动数量），分别为 13 965 人和 10 649 人。在时间平面上画出一系列 $y=x+a$ 直线（a 取 0~24 的任意值，表示活动时长）可进一步识别 19:00 时正在发生的所有活动中不同时长活动的数量。在陆家嘴站，有 1% 的活动持续时间在 1 小时以内，12% 的活动持续时间为 1～3 小时，15% 的活动持续时间为 3～5 小时，5% 的活动持续时间为 5～7 小时，5% 的活动持续时间为 7～9 小时，63% 的活动持续时间超过 9 小时。在徐家汇，相应的比例分别为 2%、21%、18%、5%、6% 和 47%。其中，持续 7 小时以上的活动很可能是上班，而 3 小时以下的活动则更有可能是非工作类活动，也就是说，徐家汇晚间的非工作活动比陆家嘴占比更高。也可以发现，尽管这两个片区是全市的核心商业区，但即使在周五晚上，工作人口仍然是这两个片区活动人群的主要来源。城市管理者可以利用这类精细的人群活动信息制定疏解拥挤片区人口密度以及提升低活力片区人气的策略，并根据城市片区活动人群构成的变化提供更具针对性的公共服务。

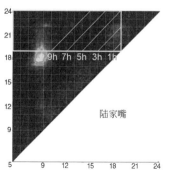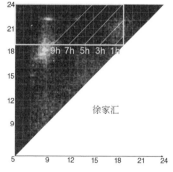

图 6-6　陆家嘴和徐家汇的活动时间模式　　彩图 6-6

6.5 总结与政策建议

本研究提出了一种新的城市人群活动时间模式分析方法，这一新思路可将一项活动表示为以开始和结束时间为 x 轴和 y 轴的二维时间平面中的一个点，大量人群活动将在时间平面中呈现为不同的点分布模式。基于上海全市为期一周的地铁智能卡数据，研究采用核密度估计方法对上海市内人群活动的时间模式进行了分析。与按一维时间特征统计活动数量的传统分析方法相比，本研究所提出的新方法可以揭示更多人群的活动时间模式信息。随着大数据时代详细人群活动数据可获得性的提升，本研究所提出的新方法可以成为监测和分析任何城市片区人群时空活动与城市功能的有力工具。

监测人群活动和移动是智能化城市管理的一项基础性工作。在当前实践中，绘制人群活动热力图是完成这一工作的主要技术手段。热力图可以显示某一时刻不同地点人群活动的数量，但是，这种单一时间的切片信息无法揭示人群在不同片区的停留时长以及各种时长活动的占比，而这些信息对进一步推测人群活动目的以及城市片区功能具有重要意义。

基于本研究针对上海不同片区市民活动时间模式的识别结果，研究可对上海城市功能布局与交通、公共服务等方面的城市管理提供以下建议。

（1）一些城市片区存在较为明显的功能单一性，如外高桥保税区、张江高科站点周边的活动中，工作类活动占比极高，可适当提高这类片区的功能混合性，以提升片区多元活力。

（2）徐家汇、陆家嘴、五角场等片区的通勤人群有较高比例下班时间较晚，可适当延长相应片区的公共交通、医院、政府办事机构等的服务时间，精准应对不同片区市民的生活需求。

（3）某些片区可识别出较为集中的人群活动之开始、结束时间，如五角场站周边片区可识别出 17:50、18:20 和 19:00 三个较为集中的下班时间，可在相应时间段加强周边道路、公交站点的车辆与人流疏导。

如上文分析中所提到，采用时间平面分析方法也可以在一定程度上推断城市片区的功能，并且相比于传统的基于土地利用数据的城市功能识别方式，时间平面分析方法以实际发生的人群活动为基础，更具真实性。例如，由于上学时间较上班时间更具规律性，开始时间往往也更早，后续研究可以进一步对相应的活动点聚集区进行细分；在陆家嘴和徐家汇的例子中，也可以分析出两个片区工作活动和非工作活动的占比，并推断片区功能的综合度。上述城市功能推断主要依据主观常识判断，有可能存在一定偏差，未来研究可尝试额外采集标记了活动开始和结束时间以及活动目的的数据，训练出识别活动目的的算法。此外，这一方法也可以为分析城市管理中的很多相关问题提供支撑，如工作活动的数量可以反映各城市片区实际存在的工作岗位，访客人数和活动类型可被用于评价城市片区的吸引力等。

  本研究针对使用二维时间平面来分析人群活动的时间模式做出了创新尝试，这一方法也可通过多种方式进行扩展。首先，本研究使用的地铁智能卡数据仅涵盖部分城市人群活动，事实上，时间平面分析方法可以应用于任何类型的包含时间信息的人群移动数据，如手机信令数据等。此外，除了核密度估计法外，也可以采用更多方法对活动时间点的分布进行分析，如采用聚类方法对活动进行分类等。

参考文献

[1] LITTLE T D. The Oxford handbook of quantitative methods in psychology[M]. Oxford: Oxford University Press, 2013.

[2] NELSON A L, BROMLEY R D F, THOMAS C J. Identifying micro-spatial and temporal patterns of violent crime and disorder in the British city centre[J]. Applied geography, 2001, 21 (3): 249-274.

[3] GIRARDIN F, CALABRESE F, DAL FIORE F, et al. Digital footprinting: Uncovering tourists with user-generated content[J]. IEEE pervasive computing, 2008, 7 (4): 36-43.

[4] LUO F, CAO G, MULLIGAN K, et al. Explore spatiotemporal and demographic characteristics of human mobility via Twitter: A case study of Chicago[J]. Applied geography, 2016, 70: 11-25.

[5] TAN Y, KWAN M-P, CHAI Y. Examining the impacts of ethnicity on space-time behavior: evidence from the city of Xining, China[J]. Cities, 2017, 64: 26-36.

[6] WU C, YE X, REN F, et al. Check-in behaviour and spatio-temporal vibrancy: An exploratory analysis in Shenzhen, China[J]. Cities, 2018, 77: 104-116.

[7] ZHANG Y, LIU L. Understanding temporal pattern of human activities using temporal areas of interest[J]. Applied geography, 2018, 94: 95-106.

[8] ZHOU S, DENG L, KWAN M-P, et al. Social and spatial differentiation of high and low income groups' out-of-home activities in Guangzhou, China[J]. Cities, 2015, 45: 81-90.

[9] SIŁA-NOWICKA K, VANDROL J, OSHAN T, et al. Analysis of human mobility patterns from GPS trajectories and contextual information[J]. International journal of geographical information science, 2016, 30 (5): 881-906.

[10] MILLER H J. Time geography and space-time prism[M]//International encyclopedia of geography: people, the earth, environment and technology. Oxford: Wiley, 2017: 1-19.

[11] MILLER H J, RAUBAL M, JAEGAL Y. Measuring space-time prism similarity through temporal profile curves[M]//Geospatial data in a changing world. Berlin: Springer, 2016: 51-66.

[12] YUAN H, CHEN B Y, LI Q, et al. Toward space-time buffering for spatiotemporal proximity analysis of movement data[J]. International journal of geographical information science, 2018, 32 (6): 1211-1246.

[13] KWAN M P, XIAO N, DING G. Assessing activity pattern similarity with multidimensional sequence alignment based on a multiobjective optimization evolutionary algorithm[J]. Geographical analysis, 2014, 46 (3): 297-320.

[14] DEMŠAR U, VIRRANTAUS K. Space–time density of trajectories: Exploring spatio-temporal patterns in movement data[J]. International journal of geographical information science, 2010, 24 (10): 1527-1542.

[15] BACH B, DRAGICEVIC P, ARCHAMBAULT D, et al. A review of temporal data visualizations based on space-time cube operations[C]//Eurographics Conference on Visualization. 2014: hal-01006140.

[16] AN L, TSOU M-H, CROOK S E, et al. Space–time analysis: Concepts, quantitative methods, and future directions[J]. Annals of the association of American geographers, 2015, 105 (5): 891-914.

[17] PELLETIER M-P, TRÉPANIER M, MORENCY C. Smart card data use in public transit: A literature review[J]. Transportation research part c: Emerging technologies, 2011, 19 (4): 557-568.

[18] MA X, WU Y-J, WANG Y, et al. Mining smart card data for transit riders' travel patterns[J]. Transportation research part C: Emerging technologies, 2013, 36: 1-12.

[19] LONG Y, HAN H, TU Y, et al. Evaluating the effectiveness of urban growth boundaries using human mobility and activity records[J]. Cities, 2015, 46: 76-84.

[20] GAO Q-L, LI Q-Q, YUE Y, et al. Exploring changes in the spatial distribution of the low-to-moderate income group using transit smart card data[J]. Computers, environment and urban systems, 2018, 72: 68-77.

[21] MANLEY E, ZHONG C, BATTY M. Spatiotemporal variation in travel regularity through transit user profiling[J]. Transportation, 2018, 45 (3): 703-732.

[22] TU W, CAO R, YUE Y, et al. Spatial variations in urban public ridership derived from GPS trajectories and smart card data[J]. Journal of transport geography, 2018, 69: 45-57.

[23] JUNG J, SOHN K. Deep-learning architecture to forecast destinations of bus passengers from entry-only smart-card data[J]. IET intelligent transport systems, 2017, 11 (6): 334-339.

[24] ZHOU J, SIPE N, MA Z, et al. Monitoring transit-served areas with smartcard data: A Brisbane case study[J]. Journal of transport geography, 2019, 76: 265-275.

[25] BAGCHI M, WHITE P R. The potential of public transport smart card data[J]. Transport policy, 2005, 12 (5): 464-474.

[26] BARRY J J, NEWHOUSER R, RAHBEE A, et al. Origin and destination estimation in New York City with automated fare system data[J]. Transportation research record, 2002, 1817 (1): 183-187.

[27] 北京市市交通委员会. 北京市第四次交通综合调查. (2010-06-08)[2022-04-21]. http://jtw.beijing.gov.cn/xxgk/dtxx/201006/t20100608_335718.html.

[28] BORRUSO G. Network density estimation: a GIS approach for analysing point patterns in a network space[J]. Transactions in GIS, 2008, 12 (3): 377-402.

第 7 章 系统模拟与优化案例（一）：
城市环境与交通出行模拟

7.1 研究背景

市民的交通出行是许多城市问题的来源之一，包括拥堵、污染、对化石燃料的依赖以及社会不公等[1]。除了以收取高额停车费、拥堵费等经济手段缓解交通所产生的问题之外，政策制定者也试图采取规划措施来改变人们的行为，以达到减少汽车使用的目的。若干流行的城市规划理念都体现了这一思路，如新城市主义（new urbanism）、公交导向型开发（transit-oriented development）、步行友好型城市（walkable city）等——这些理念往往基于"人们的出行行为会受到城市环境的影响"这一假设。

尽管这一假设在直觉上成立，但城市环境对出行行为的实际影响效果需要强有力的实际证据予以证实。因此，自 20 世纪 90 年代以来，学术界对这一课题进行了大量研究，使之成为城市研究领域中最受关注的课题之一[2]。20 世纪 90 年代以来已有 200 多篇相关论文发表。

然而，现有研究更多的是关注城市环境对总体出行量的影响，例如，每日机动车行驶里程（vehicle miles travelled，VMT）和每日总步行距离等，而对影响总体出行量的行为过程却研究较少。假设某一城市环境特征的变化被证明可降低 10% 的 VMT，那么 VMT 的降低是来自于更低的出行频率？还是由于出行者选择了更近的目的地？或是由于出行者更多地选择了非机动车出行？不同的行为过程会对人们的实际体验造成不同的影响，并对应不同的政策目标。考虑到对城市环境的营造和改造通常涉及大量资源投入，且难以在短期内得到快速调整，对上述研究的不足将大大影响制定规划政策的可靠性[3]。因此，研究界需要开展更多工作，以提高人们对城市环境如何影响出行行为这一问题的理解。

图 7-1 显示了对日常出行行为的细分，解释了通过从事各类活动的需求逐步推导出的综合出行结果。首先，出行者需要大致确定一天所需从事的活动，包括时间和地点都较为固定的通勤类活动（工作、上学）、相对灵活随机的非通勤类活动。对每项决定参加的活动，出行者需要进

一步确定活动的地点、时间和交通方式。地点、时间和交通方式的选择之间不需要定义明显的优先等级，但其可能相互影响，例如，为提高效率，人们可能会将多项活动串联到一次行程中，此外，考虑到出行通常会受到可支配时间的制约，必要性更高的活动可能会对出行者参与其他更为随意的活动产生影响。所有这些决定共同导致了最终的综合出行结果。

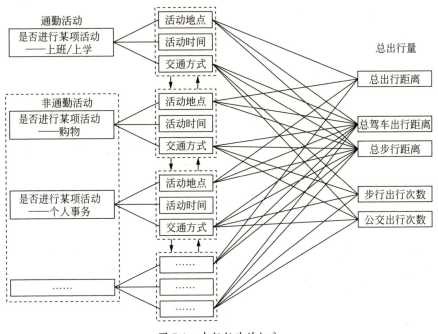

图 7-1　出行行为的细分

本研究将以北京为实证案例。一方面，北京是高人口密度、快速增长的亚洲城市的典型代表（图 7-2），且有关城市环境对出行行为影响的研究大多以欧美城市为案例，对亚洲城市的研究尚不充足；另一方面，北京饱受交通问题困扰，是各类规划政策的试验田，例如，北京总体规划的一个主要战略就是加强外围新城镇的开发，从而转变单中心结构，缓解城市中心的交通负载。总体规划中其他相关措施包括减少城市中心的人口和就业密度、提高新城镇的用地混合度、加强公共交通发展与土地开发的配合等。

从 20 世纪 80 年代初开始，随着经济的快速发展，北京经历了一段高速的城市发展进程，城市常住人口由 1990 年的 1090 万增长至 2010 年的 1960 万，成为了世界上人口密度最大的城市之一（1990 年的数据来自北京市统计局和国家统计局北京调查总队，2010 年的数据来自国家统计局）。北京在 20 世纪 90 年代末开始了"机动化"进程：在 1999—2009

年间，北京的注册机动车辆数量以每年 17.2% 的速度增长，这很大程度上是来自于私家车数量的增加；同时北京的道路总长度也从 2441 千米增加至 6248 千米[4]（图 7-3）；人们的出行行为也发生了改变，汽车出行占比从 1986 年的 5% 上升至 2012 年的 32.6%，而自行车出行的占比则从 62.7% 减少至 13.9%[5]。这些变化为北京的城市可持续发展带来了一系列问题：在 1995—2004 年间，千人汽油消耗量从 26 吨油当量上升至 120 吨油当量（ton oil equivalent，TOE，即按 1 吨标准油的热值计算各种能源量的换算指标，1 TOE=1.0×10^7 千卡 =4.1868×10^7 千焦）[4]。与城市化进程已基本完成的地区相比，北京这种仍在发展演变中的城市可以从此类研究中获益更多[6]。

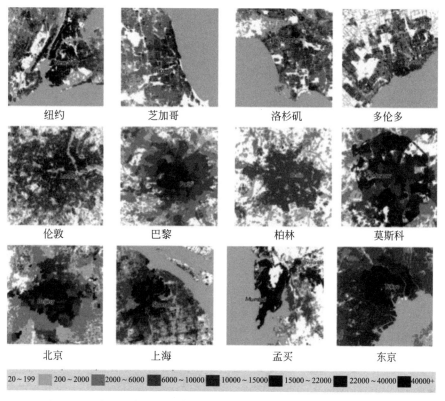

图 7-2 世界若干城市人口密度（同比例尺截图，单位：人每平方千米）
（来源：Duncan Smith，英国伦敦大学学院）

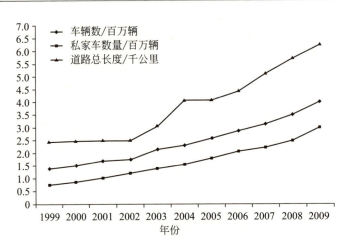

图 7-3　北京的机动化趋势
（来源：改绘自参考文献 [4]）

7.2　建模方法

7.2.1　原理机制

　　城市环境与城市出行之间的总体关系来自于个体层面的一系列理性决策[7]。大部分现有研究都参照经济学的消费者理论（consumer theory），以对效用最大化的追求解释个体在日常出行中的行为动机[6, 8-13]。尽管由于决策个体经常不具备完全信息且不完全理性，"理性人"与效用最大化的假设也受到了大量质疑，但这并不意味着人们在决策中完全不使用工具理性[14]。效用最大化的行为范式已被作为大量交通选择模型的基础，包括出行方式选择、目的地选择、居住地选择等（参见 Ben-Akiva 和 Lerman 的示例）[11, 15]。此外，日常出行的高度重复性意味着人们很可能已搜寻、对比了大量方案并在日复一日的出行中不断优化他们的选择，因此研究者所观测到的行为可被视为接近完全信息下的选择结果。

　　在 Boarnet 和 Crane 给出的理论框架中，出行者会在可行的备选方案之间权衡，对稀缺资源（金钱、时间等）的分配做出决策，城市环境会通过影响出行成本的方式来影响人们的行程安排[12]。根据"出行来自于参与活动的需求"这一理念[16]，Maat 等扩展了这一框架，将出行的收益（即参与活动的收获）纳入考虑。此外，Maat 等的框架还假设人们并非对每次出行进行单独决策，而是对一天的活动进行综合规划，实现整体活动计划的效用最大化，如人们可能利用从一项活动中节省出来的出行时间参与更多其他活动[13]。

城市环境通过出行的成本、收益、净效用等因素影响人们的出行决策。例如，更高的人口和就业密度可能提高一定距离内商品、服务的数量和质量，从而缩短最大效用对应的出行距离；但也可能由于人、车流量的增加而降低交通速度和增加寻找停车位的难度，从而增加最大效用对应的出行距离。

7.2.2 基于活动需求的出行模拟方法

本研究将采用基于活动需求的出行模拟方法（activity-based modelling），包括一系列有关活动参与和出行的决策模拟、在何时及何地参与何种活动、持续时间多长、采用何种交通方式等[17-19]。本研究所构建的模型名为"建成环境与活动-出行统一模型"（built environment activity-travel integrated model，BEATIM）。与现有模型相比，BEATIM一方面在模拟中更充分地纳入了城市环境要素的影响，另一方面其可被应用于城市环境对出行行为影响的细分分析。

基于活动需求的出行模拟可被大致划分为以下两种范式：基于效用最大化的计量经济模型（utility-maximising econometric model）和计算过程模型（computational process model）。但需注意的是，这样的分类既非互斥也非详尽[20-23]。概略而言，效用最大化模型是利用一组方程式描述活动、出行决策与相关影响因素之间的关系，并预测各种选择出现的概率[20]；计算过程模型是一套基于产生式系统（production system）的计算机程序，其包含了一系列"条件-行动"规则（condition-action rules）[24-25]。此外，一些学者认为还存在一类基于制约因素的模型（constraint-based model），此类模型主要强调检验某个活动计划在一定时空背景下是否可行[22]。

效用最大化模型和计算过程模型具有不同优势。前者更擅长检验有关活动参与、出行行为、城市环境和个体社会经济属性之间因果关系的假设[20, 23]，而后者更擅长模拟信息不完全或非完全理性情况下的决策过程[17, 26]。由于本研究主要关注城市环境对出行行为的影响，因此BEATIM模型以效用最大化模型为主要建模范式，同时也包含若干"条件-行动"规则，兼具一定的计算过程模型特征。

7.2.3 数据来源

本研究以北京五环内为研究范围，市民出行行为数据来自于2010年的北京市交通委员会组织的北京第四次综合交通调查，记录了被访居民的 24 小时出行。这是北京市五次大规模交通调查中的一次，其他调查分别开展于 1986 年、2000 年、2005 年和 2014 年。本研究所采用的调查数据范围涉及整个北京市，但中心城区的抽样权重更高，调查的样本量为 47 000 余个家庭，包含 116 000 余人，相当于常住人口的 1.5%，以系统抽样方法进行抽样。调查采用面对面采访形式，由调查员向受访者提问并录入他们的回答。调查时间在周一至周日之间均匀分布。出于统计方便和保护隐私的需要，出行记录以交通分析小区（traffic analysis zone，TAZ）为空间单元，也就是记录出行地点所在的交通分析小区而不是精确地址。北京市被划分为 1911 个交通分析小区，其中 652 个位于研究区内，也就是五环内（图 7-4）。

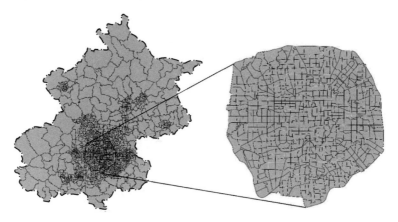

图 7-4　全北京市及研究区域内的交通小区划分

交通调查所记录的信息包括以下项目。
（1）家庭人口和社会经济信息。
（2）居住地（以交通分析小区为单元）。
（3）车辆保有情况，包括汽车、摩托车、自行车、电动自行车。
（4）当前住宅的产权情况，包括自有、单位持有、租赁、借用和其他。
（5）当前住宅的建筑类别，包括楼房、独栋住宅、半独立住宅、四合院和临时房屋。
（6）当前住宅的类型，包括商品房、公房、经济适用房和其他。
（7）当前住宅的面积。
（8）家庭年收入。
个体人口和社会经济信息包括以下项目。
（1）性别。
（2）年龄。

（3）户籍所在地。

（4）就业状态，包括全职工作、兼职工作、全日制学生、非全日时制学生、学龄前儿童、退休、无业和其他。

（5）受教育水平，包括学龄前、小学、初中、高中、中专、大专、本科和硕士及以上。

24小时出行信息包括以下项目。

（1）每次出行的开始时间。

（2）每次出行的结束时间。

（3）每次出行的起点（以交通分析小区为单位）。

（4）每次出行的目的地（以交通分析小区为单位）。

（5）每次出行的目的，包括睡觉/休息、外出用餐、上班、公务外出、上学、个人事务、家务/照看他人、休闲娱乐健身、购物、探亲访友、接送人、陪同他人、取送货物。

（6）每次出行的交通方式，包括步行、乘小客车、乘客货两用车、乘货车、乘地铁/城铁、乘公交车、乘单位班车、乘校车、乘坐"黑车"/摩的、乘自行车、乘坐电动车和其他。

需要指出的是，尽管面对面的访谈调查一般具有较高的内容完整性和规范性，但其可能包含一些系统性误差。最常见的误差为受访者可能因不耐烦而有意漏报，这会导致对总出行量的低估，特别是距离较短的非机动车出行[27]。此外，由于只记录了一天的出行，因此会难以捕捉以周或月为周期发生的低频率活动[27]。这类系统性误差是难以得到修正的。

城市环境信息来自以下多个数据来源。需要指出的是，由于数据可获得性的限制，部分城市环境数据与出行调查之间存在1~6年的时间差。鉴于城市环境的变化通常较为缓慢[28]，这样的时间差并不会对建模工作造成严重影响。

城市环境相关的数据来源包括以下几项。

（1）来自第六次全国人口普查的2010年各街道人口与就业数据。一个街道平均包含6个交通分析小区，研究区域内共含109个街道和652个交通分析小区。

（2）来自四维图新的2011年兴趣点（point of interest，POI）数据，分为20个类别：政府大楼、机场/港口、火车站和地铁站、公交站、加油站、停车场、高速公路服务区、公路收费站、银行、商业与办公大楼、零售设施、宾馆、餐馆和休闲娱乐设施、医院、教育机构、公司、公园和广场、住宅和其他。与本研究有关的主要是地铁站、公交站、停车场、零售设施及餐馆和休闲娱乐设施。

（3）来自"北京市总体规划（2004—2020 年）"的 2004 年土地利用现状图。

（4）来自"开放道路地图"（open street map，OSM）的 2013 年数据。

（5）来自实时停车信息服务商"51 停车"的 2013 年停车场和停车位数据。

（6）来自百度地图的街景图像数据，于 2016 年 2 月通过百度街景 API 下载，取样方式为沿城市所有街道每 200 米取一幅，共计约 36 万幅（800 像素 ×500 像素）。

除了出行调查和上述城市环境数据，本研究还使用了两个其他数据集。第一个为 2011 年北京各住宅小区房价，来自房天下网站。该数据与出行调查中的受访者住房信息一起使用，以评估一个家庭的经济条件。第二个数据集为交通分析小区两两之间的出行时间，总计 652×652/2=212 552 个出行对，以交通分析小区的质心为起讫点。这一数据来自百度地图的出行时间查询，包含驾车、乘公交、骑车和步行四种交通方式。由于百度地图提供的出行时间随实时交通状况波动，所以对每个出行对，本研究都在非高峰时段取三次数值并计算平均值。

7.2.4　城市环境要素测度

1. 密度的测度

密度指单位面积上相关人员、事物的数量，可以是人口、就业岗位、住宅等[2]。本研究共考虑四个相关变量，分别为人口、就业岗位、零售设施和餐饮休闲娱乐设施。人口和就业岗位数据来自第六次全国人口普查，零售设施和餐饮休闲娱乐设施信息来自四维图新的兴趣点数据。

2. 多样性的测度

多样性指某一给定区域内不同城市功能的种类数及它们在土地面积、房屋面积、就业数量等方面的表征[2]。多样性有多种测度方式，有简单的人口就业比[29-30]，也有更复杂的熵值计算[31]。本研究采用熵值测度方法，因为它比简单的人口就业比内涵更为丰富，应用也更为广泛[2]。在本研究中，熵值由各类功能的用地面积衡量，用地数据来自"北京市总体规划（2004—2020 年）"的 2004 年土地利用现状图，原始数据中的 17 个土地功能类型被分为 5 类，分别为住宅、商业、教育、公共服务和绿化水体。熵值的计算方法如下

$$\text{Entropy}_j = \sum_{1}^{5}(-p_{ij} \times \ln(p_{ij}))$$

式中，p_{ij} 表示中 TAZ_j 功能 i 的占地比例，取值范围为 0（单一用途）~ 1.61（完全混合）。

3. 可达性的测度

可达性是衡量从一个地点到各类具有吸引力的目的地的轻松程度[2]。本研究以到目的地的距离作为可达性的测度方法，共建立了两个指标：一是到商业聚集区的可达性，二是到市中心（以天安门为基准）的可达性。商业聚集区是指零售和休闲娱乐设施的集中区域，由于人们可在较短的距离内获得更多的商品与服务，因此这类区域可对人们产生额外的吸引力。本研究采用 DB-SCAN 聚类方法，根据兴趣点的分布识别商业聚集区[32]。DB-SCAN 的使用需要确定两个参数：Eps（指搜索半径）和 MinPts（指搜索半径内兴趣点数量的下限）[32]。如果从一个兴趣点出发，在搜索半径内的其他兴趣点数量超过下限值，那么该兴趣点将被纳入聚类。本研究尝试了若干 Eps 与 MinPts 值的组合，最终选择 Eps=200、MinPts=40 时的聚类结果（图 7-5）。

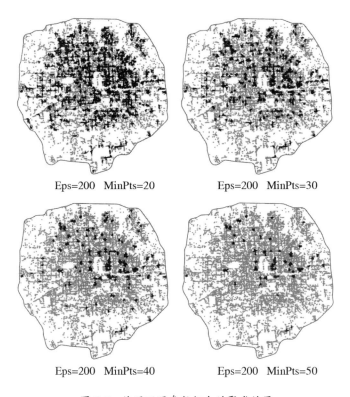

图 7-5 使用不同参数组合的聚类结果

注：黑点表示形成商业聚集区的零售和休闲娱乐设施，灰点表示不属于商业聚集区的零售和休闲娱乐设施。

4. 路网设计

路网设计的衡量指标包括道路密度、交叉口密度、十字路口密度、人行道覆盖率、平均街道宽度等，反映了城市交通系统的连通度和步行友好性[2]。本研究根据开放道路地图中的道路等级信息，分别测量了主干道、次干道和支路三种道路类型的路网密度，这三个道路等级分别对应不同的交通流量和速度，等级越低的道路越便于步行。

5. 公共交通便利性的测度

本研究考虑了北京两个主要的公共交通方式：公交车和地铁。公交站点和地铁站点信息来自兴趣点数据。地铁便利性的测量方式是交通分析小区的质心到最近地铁站的距离；公交车便利性的测量采用公交覆盖率指标，也就是一个交通分析小区位于周边公交站缓冲区内的面积与该交通分析小区总面积之比。研究对比的不同缓冲距离下（100米、200米、300米）的公交覆盖率计算结果，发现这些结果高度相关（100米和200米结果之间的皮尔逊相关系数为0.96；100米和300米结果之间为0.87；200米和300米结果之间为0.96）。本研究选择采用200米缓冲区进行计算。

6. 停车便利性的测度

停车便利性的测度方法为以某一交通分析小区内的停车位数量除以该交通分析小区的面积。本文采用停车位数量而非停车场的数量，有利于更精确地评估停车容量。

7. 建筑品质的测度

沿街建筑品质的测度参见本书第9章基于街景图像和计算机视觉技术的测度方法。

总结以上环境要素，测度的可视化效果如图7-6所示。

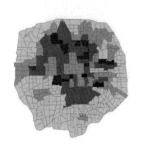
人口密度

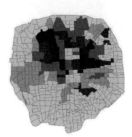
工作岗位密度

零售设施密度

图7-6 输入变量一览

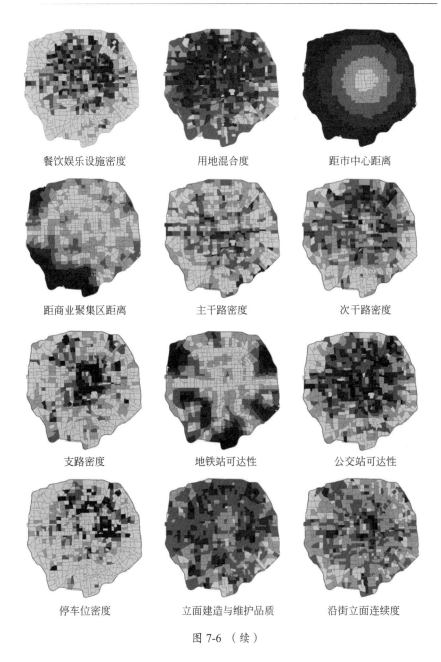

图 7-6（续）

7.3 BEATIM 模型概览

7.3.1 "如无必要，勿增实体"

这句话是奥卡姆的威廉（William of Occam）于 14 世纪提出的奥卡姆剃刀定律，也被称为简约律[33]。这一定律指出，当存在两个对等的理论或模型时，需证明更复杂的模型可以做出更好的预测[34]。虽然奥卡姆剃刀定律并非无可辩驳且可能导致过于简化的倾向[34]，但它对指导建模过程仍然具有重要意义。

市民的活动——出行以及相关进程一般都属于土地与交通互动系统的范畴[35]，这类系统内部存在复杂的互动关系，包括缓慢发生的、难以逆转的建成环境变化以及每天更新的活动与出行决策，乃至根据实时交通状况调整的路线选择[36]（表7-1）。在该系统内建模时，建模者可能会不自觉地在模型中纳入越来越多的系统组成部分，以更全面地反映系统组成部分之间的互动反馈机制。例如，建模者有充分的理由认为，BEATIM模型中需要设置一个有关选择居住地点的模块，因为当日常必须的出行距离过长时人们可能会重新选择居住地点。然而，过于追求全面性可能会分散建模工作的注意力，导致模型偏离关键的研究问题，因此，在构建BEATIM模型时，本研究严格地将建模重点置于日常出行行为，也就是表7-1中的"非常快"类型。其他非直接相关的互动过程则被视为外生固定的，如居住和工作地点的选择，它们将来可被作为扩展模块添加到系统中。

表7-1 土地与交通互动系统的组成部分

演变速度	组成部分	受影响的部分	响应时间/年	响应持续时间/年	可逆性
非常慢	交通建设	交通网络	5~10	>100	几乎不可逆
	用地变化	用地模式	5~10	>100	几乎不可逆
慢	商业建设	商业建筑	3~5	50~100	非常慢
	住宅建设	住宅建筑	2~3	60~80	慢
中速	经济发展	岗位/企业状况	2~5	10~20	可逆
	人口演变	人口/家庭状况	0~70	0~70	部分可逆
快	企业搬迁	写字楼入驻率	<1	5~10	可逆
	家庭搬迁	住宅入住率	<1	5~10	可逆
非常快	需求变化	货物运输	<1	<5	可逆
	出行变化	居民出行	<1	<1	可逆

（来源：译自参考文献[36]）

模型的简约性还体现在对不同选择内容的模拟方式上。由于BEATIM模型的主要目的是模拟分析城市环境对日常活动和出行的影响，因此其较为可能受城市环境影响的选择是采用统计模型进行模拟，如一天的活动数量、活动地点、交通方式等,而其他选择则是较简化的、根据调查数据的概率分布进行模拟(如非通勤活动的类型、活动的串联方式等)。

7.3.2 模型基本架构

基于活动需求的模型一般以全天的活动和出行行为为模拟结果,也就是模拟每天从第一次离开住所到最后回到住所之间所完成的整个出行链[37-38]。出行链由主要活动、中途活动及将这些活动串联起来的行程组成。本研究将对行程链的组成部分做以下定义(图7-7)。

(1)一次行程指从离开住所开始,到下一次回到住所之间的所有出行。
(2)一个行程段指从一个停留地点到下一个停留地点之间的一次移动。
(3)主要活动指某一行程中进行的所有活动中,持续时间最长的活动。
(4)中途活动指一次行程中除主要活动之外的其他活动。

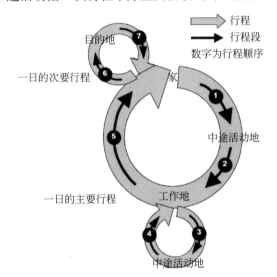

图 7-7 行程链示意图
(来源:改绘自参考文献 [37])

模型的模拟过程是一系列具体决策模型与行动规则的串联。与大部分同类模型一样,BEATIM 采用一个固定的决策顺序,这是一种对日常活动出行安排过程的简化假设[26]。实际上,目前多数对出行的模拟存在一种"灵活化"的发展趋势,即在模型框架中引入更高的灵活度水平,以此反映对行程进行临时调整的行为,如 AURORA 模型、ADAPTS 模型等[26]。出于时间与资源的制约,这种"灵活性"的特征未被纳入当前模型，但这可以成为后续研究的一个方向。此外，模拟在不确定性和不完全理性条件下的出行决策也是模型扩展的一个方向[39]。模型的结构如下（图7-8）。

（1）每个模拟主体（agent）决定一天内将从事的活动数量和类型，并决定哪些是主要活动、哪些是中途活动。

（2）选择主要活动的地点。

（3）选择每次行程的时间及交通方式。

（4）选择中途活动的地点。

这四个决策步骤分别对应7.4节的四个子模型。需要指出的是，模型结构的设置并非只有一种可能，现有的基于活动需求的出行模型都或多或少地使用不同的决策顺序，没有突出的证据表明某种顺序会优于其他。

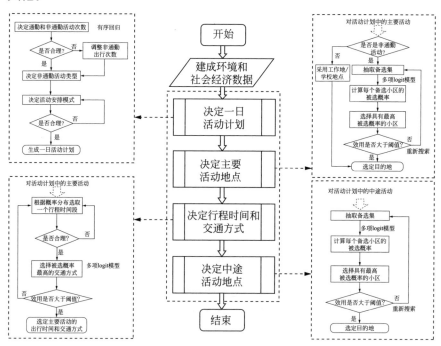

图7-8 模拟流程图

注：各子模型的详细流程图将在7.4节详细说明。

BEATIM模型共模拟30 000个决策主体，约占北京人口的0.2%，主体的性别、年龄、就业状态、家庭类型等社会经济属性的分布与出行调查保持一致。模型的其他要素包括（表7-2、表7-3）以下六点。

（1）活动类型：包括两类通勤活动，上班和上学；六类非通勤类活动，分别为购物、休闲娱乐、外出用餐、个人事务、接送他人和其他，除前五类非通勤活动之外的非通勤活动由于只占全部活动数量的2%以下，所以被统一归为"其他"。

（2）活动数量：每个模拟主体每天的活动数量最多为3个，这是因为根据出行调查，95%的被调查者每天的活动数量都不超过3个。

（3）一日活动安排：共11种，来自出行调查中的11个出现频率最高的一日活动安排。

（4）活动时间：6个时间段。

（5）活动地点：研究区内的652个交通分析小区。

（6）交通方式：4种交通方式，它们在出行调查中出现频率最高，占所有行程的96%。

表 7-2 模型要素

决策内容	选项
活动类型	通勤活动：上班、上学 非通勤活动：购物、休闲娱乐、外出用餐、个人事务、接送他人和其他
一日活动数量	0～3
一日活动安排	家—主要活动地—家 家—主要活动地—家—主要活动地—家 家—中途活动地—主要活动地—家 家—主要活动地—中途活动地—家 家—主要活动地—家—主要活动地—家—主要活动地—家 家—主要活动地—中途活动地—中途活动地—家 家—中途活动地—主要活动地—中途活动地—家 家—中途活动地—中途活动地—主要活动地—家 家—中途活动地—主要活动地—家—主要活动地—家 家—主要活动地—中途活动地—家—主要活动地—家 家—主要活动地—家—主要活动地—中途活动地—家
活动时段	清晨（3:00—7:00）、早高峰（7:00—9:00）、上午（9:00—12:00）、下午（12:00—17:00）、晚高峰（17:00—19:00）、晚上（19:00—次日3:00）
活动地点	652个交通分析小区（为减少计算量，每次活动的地点备选集为10个交通分析小区，根据距离权重抽取）
交通方式	驾车、乘公交、骑车、步行

表 7-3　子模型间的信息传递

	子模型 1	子模型 2	子模型 3	子模型 4
活动数量	输出	输入	输入	
活动类型	输出	输入		
一日活动安排	输出	输入	输入	输入
主要活动的地点		输出	输入	输入
活动时段			输出	
交通方式			输出	输入
中途活动的地点				输出

模型主要设置两类参数：第一类体现模拟主体社会经济属性、城市环境等因素的影响权重，根据统计回归进行估算（包括有序回归、多项选择模型等）或直接来自观测数据的统计分布；第二类为模型中的一些常数和阈值，通过参数扫描（parameter sweep）获得[40]（表 7-4）。出行调查中 80% 的样本被作为训练集，剩余的 20% 被作为测试集。模型用户界面如图 7-9 所示。

表 7-4　模型参数列表

子模型	影响权重参数	常数和阈值
子模型 1	社会经济与建成环境变量对一天中的通勤类和非通勤类的活动的影响； 选择不同类型的非通勤活动的概率； 在总活动数量给定的情况下选择某一活动计划的概率	有序回归模型的截止值
子模型 2	在提取候选活动地点样本时分配给不同距离段的权重； 社会经济、建成环境和距离变量对地点吸引力的影响	不同的距离段对地点吸引力的额外权重
子模型 3	在目的与当日活动计划给定的情况下选择某一特定时间档的概率； 社会经济、建成环境和距离变量对出行模式的吸引力的影响	不同出行模式的常量
子模型 4	在提取候选停歇地点样本时分配给不同绕行距离段的权重； 社会经济、建成环境和距离变量对地点吸引力的影响	不同的绕行距离段对地点吸引力的额外权重

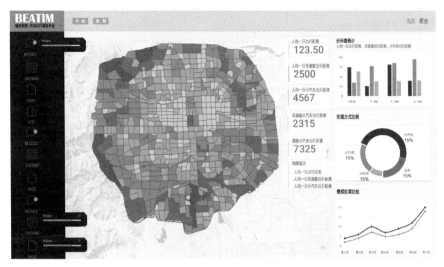

图 7-9　模型用户界面

7.4　子模型系统

7.4.1　子模型 1：活动计划决定

决定一日活动计划涉及多方面的决策，包括通勤类、非通勤类活动的数量，非通勤类活动的类型以及活动的安排组织（哪些是主要活动、哪些是中途活动、如何串联）。这些决策都可能受到城市环境的影响，例如，居住地可达性高的个体由于满足日常需求所需的出行时间较短，可能会利用节省的时间参与更多活动[13, 41-43]。

城市环境对一日活动计划的影响可能由于"行程链"（trip chaining）的存在而更为复杂。行程链是指在一次行程中串联多项活动，其中一个作为主要活动，其他作为中途活动。一方面，居住地可达性较低的个体很可能选择在上、下班路上采购日用品，以节省时间和路程[14]；另一方面，较高的可达性意味着在一定范围内存在更多有吸引力的地点，因此人们也有可能采用更多行程链。

因此，本研究最初分析活动数量、类型和安排组织三方面的决策都采用了统计模型。对于活动数量的选择，由于备选项（0、1、2、3）是有序的，所以研究采用了有序回归（ordered regression）模型。在非通勤活动类型方面，研究采用了六个二元 logistic 模型，以"是否从事某类非通勤活动"为因变量对六类非通勤活动分别建模。对于活动的组织安排，研究构建了两个多项 logit 模型，分别对应总活动数量大于 1 时的活动安排模式（总活动数量为 2 小时，活动安排模式可以为"家—主要活动地—家—主要活动地—家""家—中途活动地—主要活动地—家"等；总活动数量为 3 个时，活动安排模式可以为"家—主要活动地—家—主要活动地—家""家—主要活动地—家—主要活动地—家""家—主要活动地—中途活动地—中途活动地—家"等，详见表 7-2）。上述回归模型的参数估计结果表明，仅有极少数城市环境特征、非通勤活动类型、活动安排模式之间存在显著的关联性。此外，在选择非通勤活动类型和活动安排模式的模型中纳入城市环境变量几乎没有提高模型拟合度。因此，根据简约的建模原则，BEATIM 模型仅对活动数量采用统计模型进行模拟，非通勤活动类型和活动安排模式则根据调查数据中观测到的概率分布简化处理。

子模型 1 的模拟过程设计如下（图 7-10）。

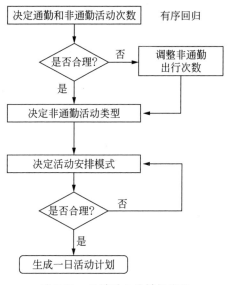

图 7-10　子模型 1 的模拟流程

（1）对每个模拟主体，第一步，采用有序回归模型分别预测他/她的通勤和非通勤活动次数，如果模拟主体的就业状况是学龄前、退休、无业或其他，则将通勤活动次数自动设置为 0。

（2）第二步，检查活动总数是否在合理范围内（不超过 3 个），如果超过，则随机删除一定数量的非通勤活动，直至活动总数为 3。

（3）第三步，根据出行调查中六类非通勤活动的频率分布选择非通勤活动类型。

（4）第四步，根据该模拟主体的活动总数和出行调查中活动安排模式的频率分布选择活动安排模式。

（5）最后，将活动内容随机分配至活动安排中，并检查其可行性（通勤活动不能为中途活动），如无法产生可行结果则重复第一步至第四步。

有序回归模型纳入的影响因素包括以下几点。

（1）模拟主体的社会经济属性，包括年龄、性别、家庭类型、家庭年收入、家庭经济水平、是否拥有私家车、是否拥有摩托车、是否拥有电动车、是否有驾照。

（2）居住地的城市环境特征，参见7.2节。

（3）如模拟主体有工作或是学生，则通勤距离也应被纳入模型，这是由于一天可供支配的时间总量有限，较长的通勤距离及导致的相应较长通勤时间可能促使模拟主体减少其他活动[13, 16, 44]。

7.4.2　子模型2：主要活动的地点选择

相比直接评估城市环境和总体出行量的影响关系，模拟选择活动目的地的过程可以很大程度地提高对城市环境影响的理解。通过对这一过程的模拟，人们实现效用最大化过程中对收益与成本的权衡可以得到更好的定量化解释。另一个相关的优势是，在模拟检验城市环境的影响时可以实现更高的空间细节度——任意地点的城市环境变化对其他任意地点个体的出行造成的影响都可被直接模拟。相比而言，大部分现有研究仅涉及居住地或工作地城市环境对个体出行的影响。考虑到出行行为对城市环境的响应可能因出行目的的不同而变化，因此本研究针对六类非通勤活动分别构建了模型[45-46]。

如7.3节所提到的，在BEATIM模型中，城市系统的中期和长期条件（如每个个体的工作、就学和居住地点）被视为外生和持续的，只需模拟非通勤活动的地点选择。由于模拟范围内的所有地点（652个交通分析小区）都可被作为备选集，因此这项任务的计算量是一个大的挑战[47]。模拟过程应得到适当的设计，以限定备选集内元素的数量[48]。BEATIM采用距离要素作为权重，根据所有交通分析小区距行程出发点（居住地）的距离决定其被放入备选集的概率，而这些概率由交通调查数据中观测到的距离分布而决定。对备选集内的交通分析小区，本研究采用多项logit模型，根据每个小区的吸引力和阻抗（出行距离、出行时间）评估每个小区被选中的概率，概率最大的小区将被作为活动目的地。

子模型2的模拟过程设计如下（图7-11）。

（1）为子模型1中确定的每项主要活动抽取一个由10个交通分析小区构成的备选集作为候选目的地。所有交通分析小区被划分为7个距段，分别为距居住地 1 千米以内、距居住地 1～2 千米、距居住地 2～3 千米、距居住地 3～4 千米、距居住地 4～5 千米、距居住地 5～10 千米以及距居住地超过 10 千米。每个距离段对应不同的备选集入选配额。

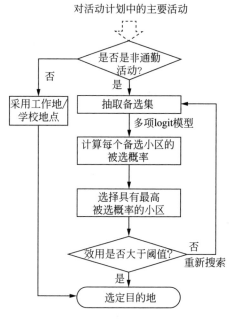

图 7-11　子模型 2 的模拟流程

（2）使用多项 logit 模型计算每个备选交通分析小区的选择概率。McFadden 从数学上证明了多项 logit 模型体现了效用最大化的选择行为[49-50]。

（3）选择具有最高选择概率的备选小区为活动目的地。

（4）将中选小区的效用值与预设阈值进行对比，如果该效用值低于阈值，则重复第一步到第三步。这一反馈调节机制反映了人们在他/她对城市环境最初的了解无法得到满意的出行结果时对城市环境进行进一步了解和探索的行为，且有助于避免在抽样得到的所有备选地点均不适合某一活动时做出不切实际的预测。

多项 logit 模型纳入的影响因素包括以下几点。

（1）出行距离，也就是从决策主体居住地质心到候选交通分析小区质心之间的距离。

（2）出行距离的自然对数，以体现距离成本增速递减的效应，如出行距离从 1 千米增加到 5 千米对出行者的感受而言是相当大的差异，但从 31 千米增加到 35 千米则差异就可能不是非常大。

（3）距离段分类变量，以体现距离影响的非连续性。

（4）距离与模拟主体性别、是否有驾照及是否有私家车的交互变量，以体现对交通工具驾驭能力不同的个体对出行距离的敏感度差异。

（5）从出发地到备选目的地的驾车和公交出行时间。

（6）备选交通分析小区的城市环境特征。

对于六类非通勤活动，本研究分别估计了六组模型参数。考虑到参数估计结果可能会受到备选集抽样随机性的影响，研究重复进行了多次备选集抽样与参数估计，发现当上述过程重复10次以上时，大部分参数的平均值都将收敛，波动幅度在 ±10% 以内。参数不收敛的变量均在0.1水平上不显著，因此这个变量被从模型中删除。在获得统计结果后，研究进一步调节距离段分类变量的参数，以使被模拟结果和交通调查中的实际情况达到最优拟合。参数调节采用的是最基本的参数扫描方法[51]。拟合度的评估采用均方误差（root mean squared error，RMSE）以及模拟值和真实值的比值为判断指标。最后，研究采用类似的参数扫描方法对效用阈值进行调节，但结果显示，这一参数对模型拟合度的影响甚微，这也侧面印证了本研究所采用的出行目的地备选集抽样方式的合理性。

7.4.3 子模型3：行程的时间与交通方式选择

由于行程的时间安排与所采用的交通方式可能相互影响（如人们在高峰时间出行时可能更倾向于搭乘地铁，以避免地面车辆的拥堵，或在计划开车出行时尽量避开高峰时间），因此本研究将对这两项选择进行联合模拟。具体而言，行程时间的选择来自交通调查数据中给定活动类型以及给定一日活动安排模式下的出行时间概率分布，交通方式的选择采用多项logit模型，出行时间将在其中作为一项影响因子。此外，本研究设置了一项反馈机制，如果在选择某个出行时间的情况下，没有一种交通方式能够产生令人满意的出行效用，那么模拟主体将重新选择出行时间。

如7.3节所提到，一日24小时被分为6个时段，分别为清晨（3:00—7:00）、早高峰（7:00—9:00）、上午（9:00—12:00）、下午（12:00—17:00）、晚高峰（17:00—19:00）、晚上（19:00—次日3:00）。早晚高峰时间段来自于《2011年北京交通报告》中的24小时拥堵指数（图7-12）[52]。为方便计算，如果一次行程中一半以上时间落入某一时间段内，则该行程就被视为在该时间段内进行。出行时间预测的核心在于区分高峰与非高峰时段，主要是这一因素可能会对交通方式的选择造成影响。

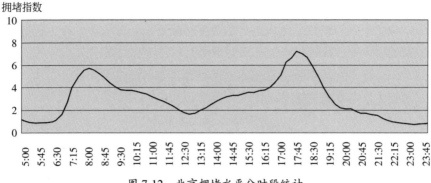

图 7-12　北京拥堵水平分时段统计

（来源：参考文献 [52]）

子模型 3 的模拟过程设计如图 7-13 所示。

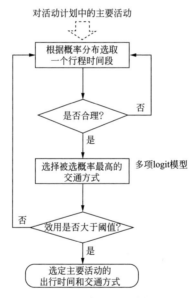

图 7-13　子模型 3 的模拟流程

（1）对模拟主体的每次行程，根据交通调查数据中相应活动类型以及相应一日活动安排模式下的活动时间分布，随机抽取一个行程时间段。

（2）对时间安排的合理性进行检查，检查内容包括：在一日活动安排中，后进行的活动不能早于先进行的活动，排在通勤活动之后的非通勤活动时段最早为下午，如果未通过检查，则重复上一步，直到时间计划合理为止。

（3）采用多项 logit 模型计算 4 个交通方式被选中的概率，并选择概率最高的交通方式。

（4）将所选交通方式的效用与预设阈值对比，如果低于阈值，则重复上述步骤。

考虑到不同类型活动交通方式的选择机制可能存在差异，本研究针对上班、上学和非通勤类活动分别估计了3组多项logit模型参数。模型中纳入的影响因素包括以下几项。

（1）模拟主体的社会经济特征。

（2）行程起点（居住地）的城市环境。

（3）行程终点（子模型2选择的活动目的地）的城市环境。

（4）行程相关信息，包括出行距离、4种交通方式的预期出行时间、行程是否包含中途停靠点及是否在高峰时段出行。

在获得统计结果后，研究进一步调节方程中4种交通方式的常数值，以使被模拟结果和交通调查中的实际情况达到最优拟合。参数调节仍然采用最基本的参数扫描方法[51]。拟合度的评估采用正确预测的百分比以及4种交通方式在所有出行中的总占比为判断指标。最后，研究采用类似的参数扫描方法调节效用阈值，但和子模型2中的结果相似，这一参数对模型拟合度的影响甚微。

7.4.4　子模型4：中途活动的地点选择

中途活动地点选择的模拟方式与子模型2中主要活动地点的选择模拟方式类似。二者的主要区别在于出行阻抗的计算方式不是行程起点到终点的距离，而是中途活动造成的"绕行"距离，也就是从居住地到中途活动地点的距离先加主要活动地点到中途活动地点的距离再减去居住地到主要活动地点的直接距离。此外，由于相关行程的交通方式在子模型3中已被确定，故在选择地点时也会考虑交通方式的影响。有研究表明，在采用某些交通方式（如驾车）时，人们会愿意绕行更长的距离[53]。子模型4的模拟过程设计如下（图7-14）。

（1）为子模型1中确定的每项中途活动抽取一个由10个交通分析小区构成的备选集作为候选目的地。抽取备选目的地时采用绕行距离作为权重，分配给不同绕行距离段的备选集配额来自交通调查中的观测值。

（2）使用多项logit模型计算每个备选交通分析小区的选择概率。

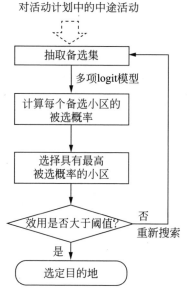

图 7-14 子模型 4 的模拟流程

（3）选择具有最高选择概率的备选小区为活动目的地。

（4）将中选小区的效用值与预设阈值进行对比，如果该效用值低于阈值则重复第一步到第三步。

多项 logit 模型中纳入的影响因素包括以下几点。

（1）绕行距离。

（2）绕行距离的自然对数。

（3）绕行距离与模拟主体性别和交通方式的交互变量，以体现不同情况下个体对出行距离的敏感度差异。

（4）绕行距离段分类变量。

（5）备选交通分析小区的城市环境特征。

同样，研究对六类非通勤活动分别估计了模型参数，并将备选集抽样和参数估计过程重复 10 次。参数不收敛的变量均在 0.1 水平上不显著，因此该变量被从模型中删除。在获得统计结果后，研究进一步对绕行距离段分类变量的参数进行调节，以使被模拟结果和交通调查中的实际情况达到最优拟合。

7.4.5 模型验证

在模型验证环节，本研究采用一日非通勤出行距离和一日机动车行驶里程这两个总体出行量指标。前者来自子模型 1、2 的综合结果，后者为所有子模型的综合结果。虽然较为理想的做法是在较小的空间单元上对模拟结果进行评估，但是这会使每个空间单元上可供对比的样本量过小，从而导致较大的随机误差。如在测试集中，则每个交通分析小区平均仅含 21 个调查样本。因此，对模拟结果和调查数据的对比将按环路所划分的区域展开。

对比结果表明，BEATIM 模型有效地反映了北京市民出行的基本规律，模拟结果与调查数据之间有很高的相关性。居住地位于城市越外围的居民非通勤出行距离越长，也倾向于更多地使用机动车（表 7-5）。但也应注意，BEATIM 模型经常会低估机动车出行距离，特别是对居住地位于四环至五环之间的模拟主体，这一问题尤为明显。

表 7-5 模型验证结果

		二环内居民	二环至三环居民	三环至四环居民	四环至五环居民	R^2
样本量		1620	1817	1397	1702	
一日非通勤出行距离	调查值	2527	2687	2795	3182	0.98
	模拟值	2669	2901	3033	3387	
一日机动车行驶里程	调查值	1135	1428	1903	2406	0.83
	模拟值	1049	1055	1672	1780	

7.4.6 情景模拟

在构建完成 BEATIM 模型后，可通过各类情景模拟了解市民出行行为受城市环境变化的影响。由于篇幅限制，本研究将仅涉及最基本的情景模拟，也就是改变一个交通分析小区内的某项城市环境特征，然后通过模拟计算观测这一变化对该交通分析小区内居民出行行为的影响。事实上，更为复杂、现实的情景设定和模拟也都可通过 BEATIM 模型开展，例如，多项城市环境特征的同时变化或不同位置上多种城市环境特征变化的组合，因此 BEATIM 模型的潜在应用方式是十分多样的。

具体而言，本研究所采用的模拟情景是将 7.2 节所提到的每项城市环境特征的数值增加 50% 或 100%（距市中心的可达性除外），共计 28 种情景。选择 50% 和 100% 的增量是由于城市环境的影响效应通常较小，大的增量有助于观测到更为明显的行为变化。但过大的增量很可能缺乏现实性，如将人口密度增加两倍便是如此，因此本研究也不做模拟。由于模拟结果具有一定随机性，故每项情景模拟都被重复十次并对结果取平均值。如前所述，BEATIM 模型的一项主要优势就是能够细化分析城市环境对出行行为的影响机制。根据这些分析结果，研究可得到若干详细的政策建议，有助于科学制定城市管理的政策（图 7-15）。

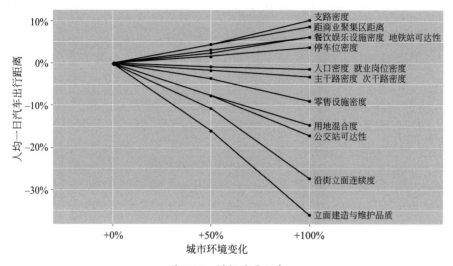

图 7-15　模拟结果示意

首先，模拟结果印证了城市规划措施确实可对市民出行行为产生有效影响，并有助于缓解各类交通相关的城市问题。模拟结果还显示，相近的规划政策可能导致的效果却差异巨大。例如，同为提高密度，人口、就业岗位、零售设施和休闲娱乐设施密度的影响各不相同；再如，同为提高公共交通可达性，提高公交覆盖率在减少汽车使用量方面的效应要明显高于提高地铁站可达性。因此，在这一问题上，政策需要制定得足够具体明晰。

7.5　总结与政策建议

本研究针对城市中的个体出行决策构建了北京市民出行模拟模型，采用基于活动需求的出行模拟方法，以北京为案例，模拟了市民的一系列日常活动与出行决策，以及这些决策如何受到城市环境要素的影响。本模型的主要优势在于从微观个体视角对城市交通出行展开模拟，并纳入了高精细度的城市环境要素，可开展城市环境对城市交通出行影响的细分分析。

对不同的政策目标，本研究可根据模拟结果提出一系列政策"工具包"。

（1）以减少市民汽车使用总量为目标时，可采取的政策包括增加住宅集中地区的零售设施密度、用地混合度及可达性；提高公交覆盖率；提高沿街建筑立面品质和连续度（上述措施均在0.05水平上显著）等。

（2）以减少非通勤出行的汽车使用总量为目标时，可采取的政策包括增加住宅集中地区的人口密度、就业岗位密度、零售设施密度及可达性；提高公交覆盖率；减少停车空间；提高沿街建筑立面连续度（上述措施均在0.05水平上显著）等。

（3）以提高非通勤活动的便利性（所需的总出行距离）为目标时，可采取的政策包括增加住宅集中地区的人口密度；提高公交覆盖率；提高沿街街道立面连续度（上述措施均在0.05水平上显著）等。

模拟结果还表明，社会和商业文化等因素也影响了城市环境与出行行为之间的关系。例如，对开车的偏爱以及"以车为荣"的社会文化使低等级道路也对汽车的使用有较强的吸引力。再如，模拟结果显示就业岗位密度与大部分非通勤活动的出行距离都呈正相关，特别是购物活动。这可能是由于办公集中地区（如CBD）的商品与服务类型可能更为高端，价格也更为高昂，与日常需求匹配度较低所致。因此，相应的政策可包括以下两点。

（1）改善城市步行环境并改变社会对各类交通方式的心理认知，从而改变人们对开车的偏爱及"以车为荣"的思维。

（2）吸引面向日常需求的商业服务入驻办公集中地区。

也应注意，由于城市环境对出行量的影响效应通常较小，而改造城市环境通常涉及大量的资金和资源投入，因此制定相关政策应综合考虑成本与效益，也包括同样资金和资源投入于其他公共事业的机会成本[54]。此外，由本模型得到的上述政策是否适用于其他城市也需审慎评估。

参考文献

[1] HANSON S, GIULIANO G. The geography of urban transportation[M]. New York and London: Guilford Press, 2004.

[2] EWING R, CERVERO R. Travel and the built environment[J]. Journal of the American planning association, 2010, 76 (3): 265-294.

[3] CAO X. Examining the impacts of neighborhood design and residential self-selection on active travel: A methodological assessment[J]. Urban geography, 2015, 36 (2): 236-255.

[4] ZHAO P, LU B. Managing urban growth to reduce motorised travel in Beijing: One method of creating a low-carbon city[J]. Journal of environmental planning and management, 2011, 54 (7): 959-977.

[5] 北京交通发展研究中心. 2012 北京市交通发展年度报告 [R]. 2013.
[6] ZEGRAS C. The built environment and motor vehicle ownership and use: Evidence from Santiago de Chile[J]. Urban studies, 2010, 47 (8): 1793-1817.
[7] NAESS P. Built environment, causality and travel[J]. Transport reviews, 2015, 35 (3): 275-291.
[8] MCFADDEN D. The measurement of urban travel demand[J]. Journal of public economics, 1974, 3 (4): 303-328.
[9] DOMENCICH T A, MCFADDEN D. Urban travel demand: A behavioral analysis[M]. Amsterdam: North-Holland Publishing, 1975.
[10] BEN-AKIVA M E, LERMAN S R. Discrete choice analysis: Theory and application to travel demand[M]. Cambridge, Massachusett: MIT Press, 1985.
[11] CERVERO R, KOCKELMAN K. Travel demand and the 3Ds: Density, diversity, and design[J]. Transportation research part d: transport and environment, 1997, 2 (3): 199-219.
[12] BOARNET M G, CRANE R. Travel by design: The influence of urban form on travel[M]. Oxford, UK: Oxford University Press, 2001.
[13] MAAT K, WEE B V, STEAD D. Land use and travel behaviour: Expected effects from the perspective of utility theory and activity-based theories[J]. Environment and planning b: planning and design, 2005, 32 (1): 33-46.
[14] NAESS P. Residential location, transport rationales and daily-life travel behaviour: The case of Hangzhou Metropolitan Area, China[J]. Progress in planning, 2013, 79 (79): 5-54.
[15] GOULIAS K G. Travel behavior and demand analysis and prediction[M]//MEYERS R A. Encyclopedia of complexity and systems science. New York: Springer, 2009: 9536-9565.
[16] AXHAUSEN K W, GARLING T. Activity-based approaches to travel analysis: Conceptual frameworks, models and research problems[J]. Transport reviews, 1992, 12 (4): 323-341.
[17] ARENTZE T A, TIMMERMANS H J. A learning-based transportation oriented simulation system[J]. Transportation research part b: methodological, 2004, 38 (7): 613-633.
[18] MA H, ARENTZE T A, TIMMERMANS H J. An agent based model of dynamic activity-travel scheduling[R]. 2012.
[19] CASTIGLIONE J, BRADLEY M, GLIEBE J. Activity-based travel demand models: a primer[R]. 2015.
[20] BHAT C R, GUO J, SRINIVASAN S, et al. Comprehensive econometric microsimulator for daily activity-travel patterns[J]. Transportation research record, 2004, (1894): 57-66.
[21] PINJARI A R, BHAT C R, HENSHER D A. Residential self-selection effects in an activity time-use behavior model[J]. Transportation research part b: methodological, 2009, 43 (7): 729-748.
[22] RASOULI S, TIMMERMANS H. Activity-based models of travel demand: Promises, progress and prospects[J]. International journal of urban sciences, 2014, 18 (1): 31-60.
[23] YASMIN F, MORENCY C, ROORDA M J. Assessment of spatial transferability of an activity-based model, TASHA[J]. Transportation research part a: policy and practice, 2015, 78: 200-213.
[24] GARLING T, KWAN M P, GOLLEDGE R G. Computational-process modelling of household activity scheduling[J]. Transportation research part b: methodological, 1994, 28 (5): 355-364.
[25] SHABANPOUR R, JAVANMARDI M, FASIHOZAMAN M, et al. Investigating the applicability of ADAPTS activity-based model in air quality analysis[J]. Travel behaviour and society, 2018, 12: 130-140.
[26] AULD J, MOHAMMADIAN A K. Activity planning processes in the Agent-based Dynamic Activity Planning and Travel Scheduling (ADAPTS) model[J]. Transportation research part a: policy and practice, 2012, 46 (8): 1386-1403.
[27] KOCKELMAN K. Travel behavior as function of accessibility, land use mixing, and land use balance: Evidence from San Francisco Bay Area[J]. Journal of transportation research record,

1997, 1607: 116-125.

[28] BATTY M. Urban modelling: A progress report[C]//Symposium on Applied Urban Modelling (AUM 2013), Cambridge, UK.

[29] RAJAMANI J, BHAT C R, HANDY S, et al. Assessing impact of urban form measures on nonwork trip mode choice after controlling for demographic and level-of-service effects[J]. Transportation research record, 2003, 1831: 158-165.

[30] BENTO A M, CROPPER M, MOBARAK A M, et al. The impact of urban spatial structure on travel demand in the United States[J]. Social science electronic publishing, 2005, 87 (3): 466-478.

[31] GREENWALD M J. The relationship between land use and trip internalization behaviors: evidence and implications[C]//Transport Research Board 85th Annual Meeting. 2006. Washington DC: Transport Research Board.

[32] ESTER M, KRIEGEL H-P, SANDER J, et al. A density-based algorithm for discovering clusters in large spatial databases with noise[C]//The 2nd International Conference on Knowledge Discovery and Data Mining. August 2-4, 1996. Portland, Oregon. AAAI: 226-231.

[33] RASMUSSEN C E, GHAHRAMANI Z. Occam's Razor[C]//Neural Information Processing Systems 2000. November 28-30, 2001, Denver, Colorado. Cambridge, Massachusett: MIT Press: 294-300.

[34] KELLY S G. Decarbonising the English residential sector: Modelling policies, technologies and behaviour within a heterogeneous building stock[D]. Cambridge, UK; University of Cambridge, 2013.

[35] ACHEAMPONG R A, SILVA E. Land use–transport interaction modeling: A review of the literature and future research directions[J]. Journal of transport and land use, 2015, 8 (3): 11-38.

[36] SIMMONDS D, WADDELL P, WEGENER M. Equilibrium v. Dynamics in urban modelling[J]. Environment and planning b: planning and design, 2013, 40 (6): 1051-1070.

[37] CAMBRIDGE SYSTEMATICS. San Francisco travel demand forecasting model development: executive summary final report[R]. 2002.

[38] LIU F, JANSSENS D, CUI J, et al. Building a validation measure for activity-based transportation models based on mobile phone data[J]. Expert systems with applications, 2014, 41 (14): 6174-6189.

[39] RASOULI S, TIMMERMANS H. Applications of theories and models of choice and decision-making under conditions of uncertainty in travel behavior research[J]. Travel behaviour and society, 2014, 1 (3): 79-90.

[40] CASTLE C J E, CROOKS A T. Principles and concepts of agent-based modelling for developing geospatial simulations[R]. 2006.

[41] LIN J, YANG A. Structural analysis of how urban form impacts travel demand: Evidence from Taipei[J]. Urban studies, 2009, 46 (9): 1951-1967.

[42] MAAT K, TIMMERMANS H J P. A causal model relating urban form with daily travel distance through activity/travel decisions[J]. Transportation planning and technology, 2009, 32 (2): 115-134.

[43] SPERRY B R, BURRIS M W, DUMBAUGH E. A case study of induced trips at mixed-use developments[J]. Environment and planning b: planning and design, 2012, 39 (4): 698-712.

[44] HAGERSTRAAND T. What about people in regional science?[J]. Papers in regional science, 1970, 24 (1): 7-24.

[45] SONG Y, PRESTON J M, BRAND C. What explains active travel behaviour? Evidence from case studies in the UK[J]. Environment and planning a: economy and space, 2013, 45 (12): 2980-2998.

[46] SALON D. Heterogeneity in the relationship between the built environment and driving: focus on neighborhood type and travel purpose[J]. Research in transportation economics, 2015, 52: 34-45.

[47] AULD J, MOHAMMADIAN A. Planning-constrained destination choice in activity-based model: Agent-based dynamic activity planning and travel scheduling[J]. Transportation research record, 2011, (2254): 170-179.

[48] BOWMAN J, BRADLEY M. Activity-based travel forecasting model for SACOG: technical memos numbers 1-11[R]. 2005.

[49] MCFADDEN D. Conditional logit analysis of qualitative choice behavior[M]//ZAREMBKA P. Frontiers in econometrics. New York: Academic Press, 1972: 105-142.

[50] MCFADDEN D. Modeling the choice of residential location[M]//Transportation forecasting and travel behavior. New York: Transportation Research Board, 1978: 72-77.

[51] MALLESON N. Calibration of simulation models[M]//BRUINSMA G, WEISBURD D. Encyclopedia of criminology and criminal justice. New York: Springer, 2014: 115-118.

[52] 北京交通发展研究中心. 2011 北京市交通发展年度报告 [R]. 2011.

[53] HO C Q, MULLEY C. Multiple purposes at single destination: A key to a better understanding of the relationship between tour complexity and mode choice[J]. Transportation research part a: policy and practice, 2013, 49: 206-219.

[54] MOKHTARIAN P L, CAO X. Examining the impacts of residential self-selection on travel behavior: A focus on methodologies[J]. Transportation research part b: methodological, 2008, 42(3): 204-228.

第 8 章 系统模拟与优化案例（二）：城市疫情防控策略的优化

8.1 研究背景

2020 年以来的新冠疫情使城市传染病的防控成为重大热点问题，随着疫情防控进入常态化阶段，人群活动频繁复杂的大城市成为了疫情反复肆虐的危险地区。在这一背景下，深入认识城市疫情传播规律，并由此制定高效的疫情防控政策成为了一项重要命题，相关研究不仅将对新冠疫情防控具有指导意义，也将有助于进行面向长期城市传染病韧性的理论建构与方法探索[1-2]。

目前，人群流动是疫情传播的主要驱动因素已成为普遍共识，同时，手机信令定位等反映人群流动的精细化大数据也为相关实证研究提供了有力支撑。如在新冠疫情暴发的早期阶段，多项研究利用人群流动数据、航空客运数据等验证了城市间人群流动与疫情扩散的关联[3-5]；也有研究针对城市内部的疫情传播，将城市内的人群流动数据与传统传染病模型相结合，提升了传染病模型对疫情传播的预测能力，也验证了城市内人群流动与疫情传播的紧密关联[6-8]。基于上述认识，在当前我国常态化疫情防控阶段，充分挖掘城市内的人群出行规律可以为疫情防控政策的制定提供有力支撑。目前相关探索还相对较少，对此，本研究拟首先从人群出行带来的城市不同地点之间的疫情风险关联入手，提出一种分析基于人群出行网络的识别城市疫情风险关联地区与制定防控措施的方法，拓展支撑常态化疫情防控科学方法。

在研究方法方面，本研究拟引入网络科学分析方法对城市人群出行进行网络构建与解析。网络科学致力于探究自然与社会领域可表示为网络形式的各类系统所具有的一般性规律，如今已形成关于网络特性的大量理论认知与分析方法[9]。近年来，随着各类城市大数据信源与研究技术的出现，城市中的人流、物流等开始得以被研究者准确观测，由此，网络科学的视角与方法被越来越多地引入城市问题研究——英国学者麦克·巴蒂就提出，目前一门新的城市科学已经逐步形成，其中一项重要特征就是从网络的、流动的视角认知各类城市现象[10]。具体而言，本研究将以我国北京、成都两个大城市为案例，采用为期一个月的手机信令定位大数据构建城市人群出行网络，并引入网络渗流理论与分析方法，对城市不同地点间的人群出行联系及相应的疫情防控政策进行探索。

8.2 相关研究回顾

随着大规模、高精度人群出行数据的出现，近年来传染病研究开始越来越多地探索人群出行与传染病传播的详细关联。如 Wesolowski 等采用约 4000 万手机用户的定位数据构建了 2013 年巴基斯坦的登革热的传播模型，较为准确地模拟了登革热在巴基斯坦全国 365 个行政区之间的传播[11]；Balcan 等综合全球航空客运数据以及 29 个国家的通勤出行数据构建了覆盖全球 3362 个分区的流感传播模型，并比较了大尺度航空出行与小尺度通勤出行对流感传播的影响程度[12]。在本次新冠疫情暴发早期，有多项研究对城市间的人群流动与疫情扩散进行了实证分析，如 Kraemer 等利用百度迁徙数据发现武汉"封城"前流出到各省的人数与各省的早期病例数量呈现出强烈的相关性[3]；Chinazzi 等综合百度迁徙数据与一个全球尺度的人群出行与传染病传播模型，评估了疫情早期的出行管控对抑制中国国内乃至全球疫情传播的效果[4]；Schlosser 等基于德国全境 4360 万人的手机定位数据发现，2020 年 3 月实施多项活动限制措施后德国县际出行联系发生了结构性变化，长距离县际出行大幅减少，这对抑制疫情传播起到了积极作用[13]。

上述研究主要面向国家乃至全球尺度的城市间人群出行对疫情传播的影响，而针对日常小尺度人群出行与疫情传播的关联，现有研究主要关注了各类活动限制措施及其所导致的人群出行强度变化与疫情传播的关联。如英国帝国理工大学公共卫生学院的 Neil Ferguson 课题组较早对这一课题展开研究，基于 11 个欧洲国家 2020 年 2 月至 5 月的活动限制措施与疫情数据，评估了全员居家、关闭学校等活动限制措施对疫情传播的抑制效果[14-15]；Brauner 等进一步基于 41 个国家 2020 年 1 月至 5 月的数据评估了全员居家、关闭营业场所等 8 种活动限制措施对疫情传播的抑制效果[16]；Haug 等还对 79 个地区实施的 46 种活动限制措施进行了评估[17]。也有研究采用来自企业的人群出行指数数据开展研究，如 Nouvellet 等采用苹果和谷歌提供的基于其用户定位数据的区域人群出行强度指数，研究了全球 52 个国家的人群出行强度与疫情传播速度的关联[6]；Badr 等采用 Teralytics 公司提供的美国各县每日人群出行指数，以病例最多的 25 个县为分析样本，发现人群出行指数与感染增长率之间存在高度相关性[7]。

此外，有少量研究关注了城市内部的人群出行网络，并将这一精细尺度的人群出行信息与传统传染病模型相结合，对城市内的疫情传播进行精细化模拟。如 Chang 等以美国最大的 10 个都市区为对象，采用手机定位数据识别了数千万人次在居住地与不同活动场所之间的出行行为，并将这些信息与经典传染病模型相结合，发现少量活动场所导致了大部分传染的发生[8]；Aleta 等针对波士顿都市区构建了基于 8.5 万虚拟人口的出行、接触和传染过程模拟模型，并采用这一模型评估了活动限制、核酸检测等防控措施的防控效果[18]。

上述研究为探索人群出行与疫情传播问题提供了一定的理论认知与方法路径，但现有研究主要关注二者关联的实证评估以及构建相应的精细化传染病模型，注重探索规律与方法，但较少基于二者关联对防控政策、特别是常态化防控政策的优化展开探讨。此外，目前相关研究的对象主要为国外城市，而对我国城市与疫情防控需求的针对性研究还较为缺乏。

8.3 方法与数据

8.3.1 方法设计

面向城市常态化疫情防控的实践需求，并结合相关前沿研究对人群出行与疫情传播的理论认知，本研究提出了一种基于城市人群出行网络的疫情防控策略，该策略通过复杂网络分析方法识别城市中具有紧密人群出行联系的地点，以此类疫情风险关联地点组团作为防控单元，实施人员隔离、核酸排查等防控措施，以期通过划分适应城市人群出行规律的防控单元优化常态化疫情防控成本 – 收益。

该策略的制定方法以复杂网络渗流理论（percolation theory）为基础，渗流理论的内容能够以下述经典问题说明：在一个方形网格的交叉点上随机放置一定数量的石子，相邻的石子可被认为相互连接，相互连接的石子形成组团。渗流理论发现，上述操作所形成的组团规模并非随石子数量呈简单线性增长，而是在开始阶段只形成大量小规模组团，当石子数量增长到一定临界值时，小组团会迅速形成贯通的大组团，这种现象被称为"渗流相变"。与上述过程相对应,当从一个原本连通的网络中移除一定数量的节点时会出现类似现象——即在被移除的节点较少时,剩余节点所组成的连通组团规模在开始时变化不大,但在被移除的节点数量达到一定临界值时,原先连通的网络会被迅速分解为很多不相连的小规模组团,这种现象也被称为"逆渗流相变"[9](图 8-1)。

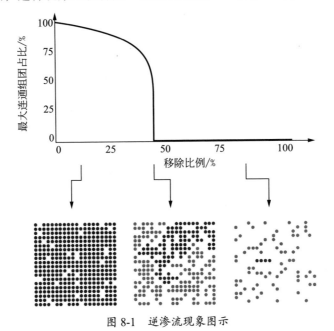

图 8-1 逆渗流现象图示

(改绘自:艾伯特-拉斯洛·巴拉巴西. 巴拉巴西网络科学 [M]. 郑州:河南科学技术出版社,2020.)

对于城市人群出行而言,研究可将出行起讫点作为网络的结点,将结点之间的出行联系作为网络的连接(通常被称为网络的边),通常城市人群出行网络是完全连通的。当不断移除城市不同地点间的人群出行联系时,原先连通的出行网络也将逐渐分解,乃至形成一系列不相连通的局部组团。进一步,如果根据地点间的人群出行数量首先移除人群出行量较少的边,那么剩余的边所连接形成的组团即可被认为是城市中人群出行关联较为紧密的组团(图 8-2)。在疫情防控中,这些具有高关联度的组团既可为疫情排查提供依据(例如,在某地点发现病例后,与该地点处于同一组团的其他地点由于更为密切的人群往来联系也会具有更高的疫情风险),也可作为具有高风险关联的地点被纳入统一管控,有可能实现比传统以简单空间邻近性划分的疫情防控单元更优的防控效果。

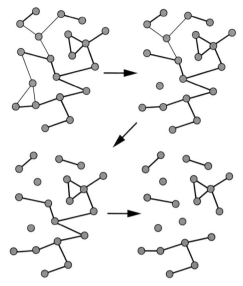

图 8-2 人群出行网络的边移除过程
（边宽度与出行量成正比）

（改绘自：艾伯特 - 拉斯洛·巴拉巴西. 巴拉巴西网络科学 [M]. 郑州：河南科学技术出版社，2020.）

同时，根据渗流理论，在按照出行量由少到多不断对城市人群出行网络进行边移除操作时，剩余的边所形成组团的规模也将发生非线性变化，并在一定阶段发生组团规模的迅速分解。对于疫情防控而言，这些具有密切人群往来联系且规模较小的组团可作为较为高效的疫情排查与防控单元，将有助于优化疫情防控成本 - 收益。在上述思路下，可以通过以下步骤识别城市疫情风险关联地区。

（1）获取城市人群出行网络数据，该网络以按一定方式划分的城市片区为节点，以片区之间的人群出行联系为边，每条边附有相应片区之间的每日人群出行数量信息。

（2）移除上述网络中每日人群出行数量为 1 的边，计算移除后网络中最大连通组团包含的节点数量。

（3）重复步骤（2），不断提高边移除的每日人群出行数量阈值（即第二次移除每日人群出行数量小于等于 2 的所有边、第三次移除每日人群出行数量小于等于 3 的所有边……，依此类推），并计算移除后网络中最大连通组团包含的节点数量。

（4）观察最大连通组团规模的变化，选择最大连通组团发生逆渗流相变时的组团划分作为城市疫情风险关联地区的识别结果。

需要说明的是，城市疫情风险关联地区的识别结果并非唯一，可根据相关病原体特征与防控需求灵活调节。在逆渗流相变阶段后继续进行边移除操作也可以得到内部关联度更高的风险关联组团划分结果，但更高的边移除阈值也意味着在防控中忽略更多人群出行所带来的疫情传播风险，需要综合考虑根据疫情防控的成本与收益进行抉择。

通过上述步骤识别的城市疫情风险关联组团可被作为疫情发生时的排查与管控单元，从而得到基于人群出行规律的城市疫情防控策略，有可能产生成本–收益更优的防控效果。对此，本研究将对基于人群出行规律的疫情防控政策与基于简单空间邻近性的防控政策进行评估比较，评估将以防控单元的平均规模与单元间人流量为关键指标，其中防控单元平均规模反映防控政策的成本与对市民社会经济生活的影响程度，单元间人流量反映未能被相应政策所防控的疫情传播风险，两个指标均为越低越优。评估的具体操作如下。

（1）计算所选用的城市疫情风险关联组团的平均规模与组团间人流量。

（2）进一步计算若干其他边移除阈值下所形成的疫情风险关联组团的平均规模与组团间人流量。

（3）计算以 300 米、500 米、750 米、1000 米、1500 米、2000 米均匀网格为防控单元的单元平均规模与单元间人流量。

（4）对上述结果进行比较与评估。

8.3.2 案例与数据

本研究以我国北京、成都两个不同区域的超大城市为案例开展上述疫情风险关联地区识别与防控政策评估研究。城市人群出行数据来自中国联通手机信令大数据，该数据包含案例城市全部联通用户在 2021 年 9 月的出行记录，用户出行记录由一系列连续的停留地点（停留 30 分钟以上）构成，由于基于手机基站的位置识别包含一定误差，因此用户停留地点以一定大小的基站网格进行记录（在中心城区一般为 250 米 × 250 米），上述全部用户出行记录构成了全市范围的人群出行网络。在数据采集期，北京市域范围共识别出行记录 4.7 亿次，成都市域范围共识别出行记录 1.5 亿次。研究将两两基站网格间的全月人群出行数量除以 30 作为网格间日均出行量。两个案例城市在 2021 年 9 月都未出现疫情，因此可认为该月的人群出行数据反映了正常状态下的城市人群的出行规律。

8.4 方法应用

8.4.1 案例城市疫情风险关联地区的识别结果

图 8-3 显示了当不断增加边移除阈值时两个案例城市的人群出行网络中最大连通组团与第二大连通组团的规模变化情况。可以看到，两案例城市的人群出行网络变化规律非常相似：在开始阶段，最大连通组团的规模随边移除阈值的增加而快速缩小，由十几万降低至几百，在出行量阈值达到约 25 以上时最大连通组团时规模不再有明显变化。在这一过程中，第二大连通组团的规模呈现出先上升后下降并不断波动的趋势，但一直明显小于最大连通组团。

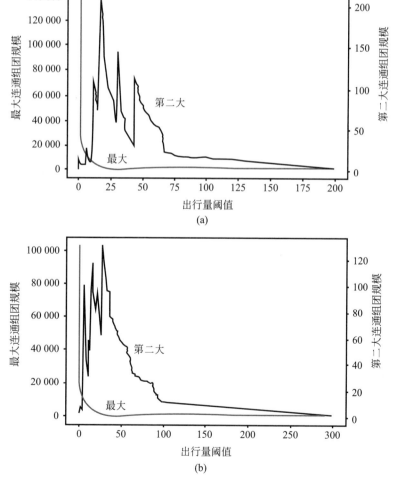

图 8-3　出行量阈值与边移除后的网络组团规模
（a）北京；(b）成都

具体而言，在北京，当出行量阈值小于等于 25 时，阈值每增加 1，最大连通组团所包含的网格数量都减少 200 以上，这意味着相应防控政策的影响范围与成本在快速降低；当出行量阈值达到 25 以上时，阈值增加 1，最大连通组团所包含的网格数量仅减少不到 30，这说明相应的防控政策承担了更高的疫情传播风险（忽略了更多的人群流动），但成本却未明显降低。在成都，当出行量阈值小于等于 27 时，阈值每增加 1，最大连通组团所包含的网格数量一般都减少 100 以上；但当出行量阈值达到 27 以上时，阈值增加 1，最大连通组团所包含的网格数量仅减少不到 30。基于上述结果，研究对北京和成都分别选择以网格间出行量阈值为 25 和 27 进行人群出行网络边移除，移除后所形成的连通组团为疫情风险关联地区识别结果。

两个案例城市市域范围的疫情风险关联地区如图 8-4 所示，北京全

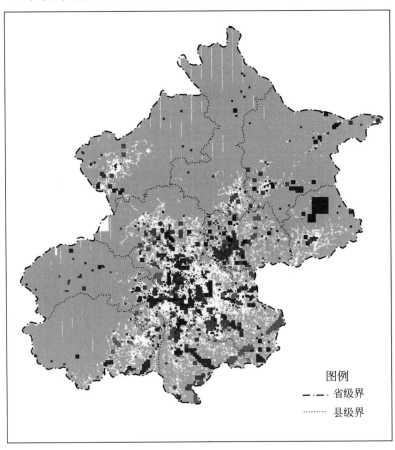

(a)

图 8-4　北京、成都疫情风险关联地区分布
(a) 北京；(b) 成都

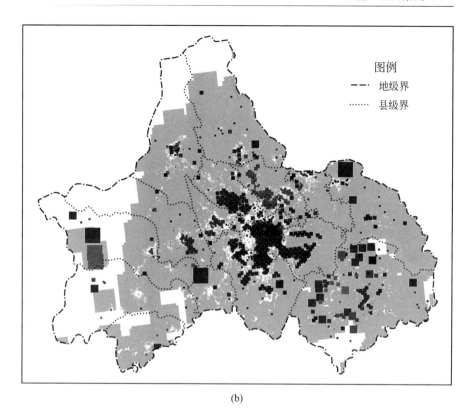

(b)

图 8-4 （续）

市共包含 380 个疫情风险关联地区组团（含 2 个以上基站网格），涉及 2613 个基站网格；成都全市共包含 159 个疫情风险关联地区组团，涉及 1226 个基站网格。这一结果说明具有较高疫情风险关联的地区仅占城市全部地域的较少部分。值得注意的是，具有疫情风险关联的网格在空间上并不一定直接接壤，这也体现了由城市人群出行行为带来的疫情防控复杂性。

图 8-5 以北京为例进一步展示了前十大疫情风险关联地区在全市的分布。

（1）规模最大的疫情风险关联地区包含 454 个网格，散布范围最广，主要涉及东西轴线沿线、东北四环至东北五环、京津高速沿线以及大兴、房山的零散片区。

（2）规模第二位的疫情风险关联地区包含 225 个网格，主要涉及西北三环至西北五环、清河以及永丰基地。

（3）规模第三位的疫情风险关联地区包含 173 个网格，主要涉及顺义机场、空港地区以及顺义新城中心区。

（4）规模第四位的疫情风险关联地区包含 121 个网格，主要涉及北京经开区。

（5）规模第五位的疫情风险关联地区包含 79 个网格，主要涉及首都环线高速通州—大兴段沿线。

（6）规模第六位的疫情风险关联地区包含 60 个网格，主要涉及大兴新城东片区。

（7）规模第七位的疫情风险关联地区包含 52 个网格，主要涉及海淀山后地区和昌平马池口镇。

（8）规模第八位的疫情风险关联地区包含 49 个网格，主要涉及门头沟新城东部。

（9）规模第九位的疫情风险关联地区包含 37 个网格，主要涉及望京地区。

（10）规模第十位的疫情风险关联地区包含 34 个网格，主要涉及房山新城燕房组团西部。

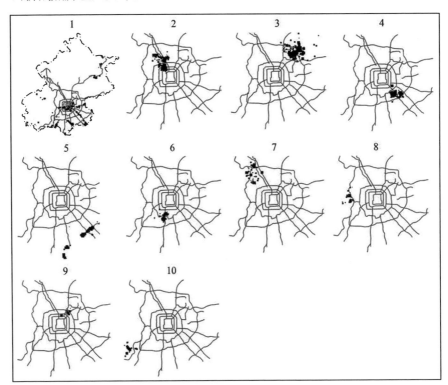

图 8-5　北京前十大疫情风险关联网格组合分布

8.4.2 相应防控政策的评估结果

图 8-6 显示了基于人群出行网络与简单空间邻近性的防控策略评估结果。图中蓝色点对应不同出行量阈值下的疫情风险关联防控组团，红色点对应不同大小的规则网格防控组团；深灰点标注数字为每日出行量阈值，浅灰点标注数字为规则网格大小，单位均为米。坐标横轴为防控组团的平均居住人数，反映了相应防控政策的影响规模与成本；纵轴为防控组团间的人群出行量，反映了人群在组团间出行所带来的疫情传播风险（例如，对某一发生病例的组团进行管控，但在管控实施前该组团与其他组团间的出行量越大，疫情传播风险也就越大），越靠近坐标系左下方的防控政策成本越低、风险越小。

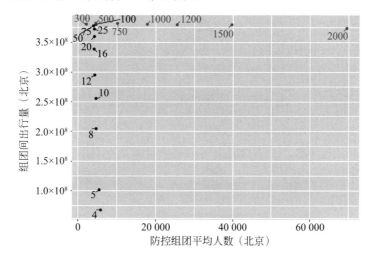

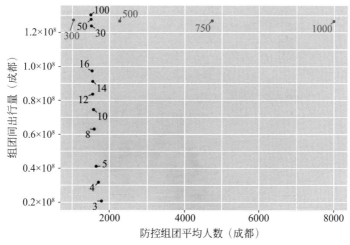

图 8-6　基于人群出行网络与基于规则网格的防控政策比较　　彩图 8-6

可以看出，在两个案例城市中，基于人群出行网络的防控政策几乎均位于基于简单空间邻近性的防控政策左下方，说明无论采用相对宽松或严格的防控政策，基于人群出行规律的防控组团划分总是优于基于简单空间邻近性的防控组团划分，仅在防控范围极小时（边长 500 米以下的规则网格）两者接近，且随着防控范围的增大两者的效率差异也迅速增大，这说明在需要采取较大范围的人群活动管控时，基于人群出行规律的防控政策将具有突出优势。

8.5 总结与政策建议

针对新冠疫情背景下城市常态化防控需求，本研究提出了一种基于人群出行规律的城市疫情风险关联地区分析与防控政策制定方法，并以北京、成都两个大城市为案例，以手机信令定位数据识别市民出行，并进行方法实证应用与防控政策成本 – 收益评估。研究采用网络科学中的逆渗流分析方法，识别在不同出行量阈值下全市人群出行网络中每日出行量高于阈值的地点对所形成的组团，这些组团也即城市中具有较高人群流动关联与疫情风险关联的地点。研究发现，在两个案例城市中，上述组团的规模均随出行量阈值的增加而迅速减小，在阈值达到大约 25 时，组团规模不再发生明显变化，说明采用适当的识别标准后，城市中的疫情风险关联组团可被迅速聚焦，这也为划分成本 – 收益更优的疫情防控单元提供了依据。研究进一步对基于上述方法的疫情防控单元与基于简单空间邻近性防控单元的划分进行了比较，结果显示前者在成本与效果方面均显著优于后者。

基于本研究结果，笔者可为城市疫情防控提供以下政策建议。

（1）关注城市人群流动带来的跨片区疫情风险关联，并据此制定疫情防控单元划分方案，将之应用于风险地区划分、封控隔离等，而非仅根据简单的空间临近性划分疫情防控单元，如对北京可关注东西轴线沿线、东北四环至东北五环、京津高速沿线以及大兴、房山的疫情风险关联等。

（2）可根据病原体传染性对疫情防控单元大小进行灵活调节，对传染性较高的病原体采用低出行量阈值划分疫情防控单元（即地点之间存在较低的出行量即须将之识别为存在疫情风险关联），对传染性较低的病原体采用高出行量阈值划分疫情防控单元。

（3）本研究所识别的疫情风险关联地区也可作为传统流行病学调查的有力补充，用于对确诊病例密接、次密接人员的追踪，将病例活动范围所关联的风险地区作为重点筛查范围。

本研究对城市空间中的人群出行联系与相应的疫情传播风险进行了基础规律挖掘，研究结果也可为常态化疫情防控提供基于人群出行规律的优化路径。后续研究可对基于人群行为的疫情传播规律开展进一步探索，逐步形成系统性认知与相应的一整套精细化防控政策。

参考文献

[1] 段进，杨保军，周岚，等. 规划提高城市免疫力——应对新型冠状病毒肺炎突发事件笔谈会[J]. 城市规划，2020, 44 (2): 115-136.

[2] 石晓冬，李翔. 城市规划与危机应对管理——新型冠状病毒肺炎疫情背景下的城市安全思考[J]. 城市与减灾，2020 (2): 4.

[3] KRAEMER M U, YANG C-H, GUTIERREZ B, et al. The effect of human mobility and control measures on the COVID-19 epidemic in China[J]. Science, 2020, 368 (6490): 493-497.

[4] CHINAZZI M, DAVIS J T, AJELLI M, et al. The effect of travel restrictions on the spread of the 2019 novel coronavirus (COVID-19) outbreak[J]. Science, 2020, 368 (6489): 395-400.

[5] LAI S, RUKTANONCHAI N W, ZHOU L, et al. Effect of non-pharmaceutical interventions to contain COVID-19 in China[J]. nature, 2020, 585 (7825): 410-413.

[6] NOUVELLET P, BHATIA S, CORI A, et al. Reduction in mobility and COVID-19 transmission[J]. Nature communications, 2021, 12 (1): 1-9.

[7] BADR H S, DU H, MARSHALL M, et al. Association between mobility patterns and COVID-19 transmission in the USA: A mathematical modelling study[J]. The Lancet Infectious Diseases, 2020, 20 (11): 1247-1254.

[8] CHANG S, PIERSON E, KOH P W, et al. Mobility network models of COVID-19 explain inequities and inform reopening[J]. Nature, 2021, 589 (7840): 82-87.

[9] 艾伯特-拉斯洛·巴拉巴西. 巴拉巴西网络科学[M]. 郑州：河南科学技术出版社，2020.

[10] BATTY M. The new science of cities[M]. Cambridge, Massachusett: MIT Press, 2013.

[11] WESOLOWSKI A, QURESHI T, BONI M F, et al. Impact of human mobility on the emergence of dengue epidemics in Pakistan[J]. Proceedings of the National Academy of Sciences, 2015, 112 (38): 11887-11892.

[12] BALCAN D, COLIZZA V, GONÇALVES B, et al. Multiscale mobility networks and the spatial spreading of infectious diseases[J]. Proceedings of the National Academy of Sciences, 2009, 106 (51): 21484-21489.

[13] SCHLOSSER F, MAIER B F, JACK O, et al. COVID-19 lockdown induces disease-mitigating structural changes in mobility networks[J]. Proceedings of the National Academy of Sciences, 2020, 117 (52): 32883-32890.

[14] FLAXMAN S, MISHRA S, GANDY A, et al. Estimating the effects of non-pharmaceutical interventions on COVID-19 in Europe[J]. Nature, 2020, 584 (7820): 257-261.

[15] FERGUSON N, LAYDON D, NEDJATI GILANI G, et al. Report 9: Impact of non-pharmaceutical interventions (NPIs) to reduce COVID19 mortality and healthcare demand[J]. 2020.

[16] BRAUNER J M, MINDERMANN S, SHARMA M, et al. Inferring the effectiveness of government interventions against COVID-19[J]. Science, 2021, 371 (6531): eabd9338.

[17] HAUG N, GEYRHOFER L, LONDEI A, et al. Ranking the effectiveness of worldwide COVID-19 government interventions[J]. Nature human behaviour, 2020, 4 (12): 1303-1312.

[18] ALETA A, MARTIN-CORRAL D, PASTORE Y PIONTTI A, et al. Modelling the impact of testing, contact tracing and household quarantine on second waves of COVID-19[J]. Nature Human Behaviour, 2020, 4 (9): 964-971.

第 9 章　人工智能应用案例：
城市空间品质评估

9.1　研究背景

城市空间是市民生活的重要载体，其对市民生活品质与幸福感具有直接影响，也是城市更新等政策的一项关注重点。但随着城市规模的增长，城市居民和管理者都几乎不可能对城市所有大街小巷的空间状况了如指掌。根据认知地图、城市图像等理论，人类对城市空间的感知本身就是残缺不全、断断续续和有失偏颇的[1-2]，在规模庞大的现代都市尤为如此，这导致诸如"某个城市什么地方环境最差并应在更新改造中优先考虑""在快速扩张的城市中，城市环境正在发生着怎样的变化"这类问题很难被准确回答。

很长一段时间，研究者都在尝试以一种大规模、可持续的方式衡量一个城市的空间面貌[3]，其主要方法是派遣记录员进行现场观察和记录[4]。但这类方法由于依赖人工而成本高昂，并缺乏规模经济介入，因此样本量非常有限[3]。近年来，几乎全覆盖的在线街景图像的出现为分析城市空间品质提供了新的方法和机会[5-10]。结合计算机视觉技术，人们终于有可能对城市空间品质的各种复杂属性进行大规模自动评估[11-16]。

本研究的目标是探索上述方法在城市空间品质评估方面的可能性。通过参考城市空间认知与设计理论，本研究选取了沿街建筑品质以及沿街建筑连续度为评估内容，并选择了高速建设且城市环境多样的北京作为案例研究区域。本研究将解决的研究问题是两个：将机器学习算法应用于根据街景图像评判城市空间品质的效果如何？是否有可能以这种方法替代传统劳动密集型的人工现场统计？结果表明，本研究中训练得到的机器学习模型在沿街建筑品质评判任务上的均方误差（MSE）为 0.614（分值为 1~4 分），在建筑连续性评判任务上的准确率为 75%。

本研究所针对的研究问题涉及客观城市空间环境与主观个人体验的宏大课题。图 9-1 所示的概念框架对此提供了一个框架性解释：城市空间的直观形态会形成一系列更为抽象的品质要素，并经过个人的感知过程最终形成人在城市空间中的体验。Wohlwill 认为，人对城市空间的感知通常与单个的具体特征无关，除非这些单个的物体以一种更具意义的方式被组合起来，形成秩序、围合感等品质[17]。但是，与城市建筑高度、宽度等具体造型特征不同，这些品质无法被直接测量[18]。根据这一概念框架，深入理解空间品质至少需要厘清以下问题。

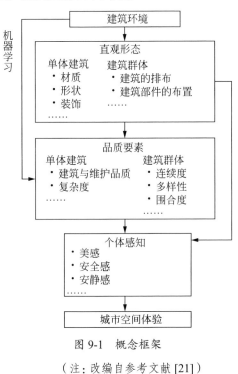

图 9-1　概念框架

（注：改编自参考文献 [21]）

（1）影响城市空间感知的关键品质有哪些？
（2）它们如何影响城市空间感知？
（3）如何根据城市空间的直观形态对这些品质进行评估？

对此，城市设计领域的学者们在识别对人类体验具有积极影响的关键品质方面做出过大量努力。例如，Moughtin 写道："定义一栋优秀建筑的重要标准包括秩序、统一、均衡、对称、尺度、比例、节奏、对比与和谐。"[19] 在城市设计中，大量设计手册和设计规范都会涉及围合感、协调性、多样性等准则。

本研究将重点探讨问题（3），具体而言，将探索利用机器学习算法以街景图像衡量城市空间品质的效果与研究前景。与 Quercia 等、Ordonez 和 Berg 开展类似工作[12, 14]有所不同，本研究针对图 9-1 所示概念框架中的第三级，也就是品质的衡量，而上述两项工作是针对框架中的第四级,也就是从街景图像中直接评估人们的认知感受。本研究的独特意义在于:首先,品质比感知更为客观,其也对城市管理与设计实践而言更具可操作性,可对应具体的管理与设计措施;其次,品质衡量的结果也可进一步被应用于对问题(1)、问题(2)的研究。

9.2 相关研究回顾

20世纪80年代以来,学者们一直致力于识别对人们的感知具有关键影响的城市空间品质要素。Stamps 曾提到"截至2000年,相关实证研究达275项,共使用1.2万余张城市空间环境图片和4.1万余个被试对象"[20]。在2009年的一篇研究综述中,Ewing 和 Handy 梳理出了51项曾被研究过的、与感知有关的品质[21]。

Wohlwill 总结了测评城市空间的两种方法路径——物理测量(physical approach)和人工判断(judgemental approach)[17]。由于与感知有关的品质往往是定性而非定量的,所以人们通常会采用人工判断方法予以测评[17-18]。Ewing 和 Handy 还提出了一种创新性、系统化的人工判断方法,并生成了一系列将具体特征与抽象感知相联系的模型,该系列模型可被规模化应用[21]。本研究的目标与 Ewing 和 Handy 的工作类似——构建基于城市空间直观形态的品质评价模型,但本研究所采用的结合大数据与机器学习的方法更为自动化并更节省人力。

20世纪末到21世纪前十几年间,与城市图像有关的大部分计算机视觉研究都关注诸如图像分类、场景划分等技术性课题[14, 22]。但2020年前后,业界出现了越来越多关注感知与文化类课题的图像研究。在被大量引用的文章《巴黎何以为巴黎》中,Doersch 等提出了一种判别性的聚类分析方法,该方法可被用于从谷歌街景图像中自动识别具有地域代表性的特征元素[11]。利用这一方法,Doersch 等识别了若干巴黎特有的、区别于其他欧美城市的物质空间特征,如铸铁栏杆包围的落地窗、装饰性的阳台支撑构件、特色路牌等。与此类似的一类研究是基于图像中的建筑形态特征进行建筑风格的自动分类,并进一步识别城市建筑风格的混合与演变[15, 23-26]。

与本研究最相关的一类工作是利用计算机视觉方法模拟并分析人对城市空间的主观感知,这类研究通常采用众包评分的城市图像为数据源,如 Quercia 等用上述方法研究了与美好感、宁静感和幸福感正相关(如绿化量)和负相关(如过宽的街道、封闭感的建筑)的要素[12]。Ordonez

和 Berg 构建了关于街区富裕程度、独特性和安全性的机器学习感知模型，并采用收入和犯罪率统计数据对模型评价结果进行了验证[14]。Naik 等和 Porzi 等也建立了基于街景图像的安全感评价模型，并采用实际统计数据进行了验证[13, 27]。

9.3 计算机视觉模型建构

9.3.1 评估内容选取

本研究从诸多城市空间品质要素中选取了两个进行研究和建模，分别为单体建筑层面品质——沿街建筑品质、建筑群体层面品质——沿街建筑连续度。选择这两项品质并不意味着它们最重要或影响最大，而只是将之作为这一研究思路的实施起点，未来也可对城市空间的其他品质要素展开类似研究。这两项品质的优势在于，它们含义直接并易于被理解。例如，城市建筑形象中适当的对比可能令人产生积极的感受，而过度的对比则可能会给人造成混乱的印象[19]，但较高的建筑品质或较高的连续度几乎不会给人造成负面感受。下文将就这两项品质展开讨论。

1) 单体层面：沿街建筑品质

沿街建筑品质涉及建筑材料、施工精度与技艺、维护水平等方面因素，如所使用的建筑材料是否具有较高的质量及良好的质感，施工是否达到较高的精准度并展现出较高的技艺，是否存在裂纹、破损、腐蚀、污渍、杂乱的附着物等。尽管这项品质具有较大的技术成分，但其影响不仅限于技术范畴。在《美感》(Sense of Beauty)一书中，Santayana 高度评论材料的美学意义，他写到"材料的美感是所有更高级美感的基础"[28]。格罗庇乌斯、勒·柯布西耶、密斯·凡德罗等杰出现代建筑师的创作都受到了"技术之美"的启发[29]。"上帝在细节之中"这样的名言也强调了技术完善对整体品质的重要性。多项实证研究都表明破败的空间环境会给人带来消极影响，这一点很难被质疑[18]。

此外，沿街建筑品质也可能产生社会经济层面影响。例如，著名的"破窗理论"认为，物质环境会影响社会安全——如果破窗不被修理好，就可能有破坏者破坏更多窗户，最终引发犯罪行为[12]。即使不出现犯罪这样的极端情况，物质环境的恶化也可能影响一个地方的形象与大众认知[30]以及潜在的经济发展机会。因此，针对沿街建筑品质进行建模和大规模测评不仅有助于理解城市空间的建筑状况，还有助于识别出容易发生治安不佳及贫困问题的区域。

2）群体层面：建筑连续度

在心理方面，通过提供"围合感"[31]、"庄重和统一感"[32]、"安全感"[33]、"方位感和对周围环境的认同感"[34]，连续的沿街建筑可以对城市空间体验产生积极影响。在行为方面，连续的沿街建筑有助于吸引行人及活动，并"维持城区活力"[35]。因此，保持沿街建筑连续度被视为一项场所营造的重要规则[36]。具体而言，沿街建筑连续度涉及以下方面。

（1）相邻建筑之间没有造成阻断感的长距离间隔，包括空地、停车场、车道或大型建筑的退后[21]。

（2）在街道与建筑之间没有阻断视线交流与人群活动的围墙，这种情况在我国尤为多见。但如果围墙本身经过精心设计并具有吸引力，则其可被视为街道界面的延续。

早在15世纪，类似设计规则就已出现在德国纽伦堡的街道设计规范中，这些规范要求建筑沿街整齐排列，形成一条"不偏离的建筑线"（undeviating building line）[37]。大量当代规划导则也都对此做出要求，如美国规划师协会（APA）的《规划与城市设计标准》要求填充类项目（infill projects）须保持建筑底层的延续性[38]。

9.3.2 数据来源

本研究以北京五环内范围作为研究区域（图9-2）。由于经历了从古都到国家行政中心乃至如今全球投资热点地区的这一系列巨大转变，北

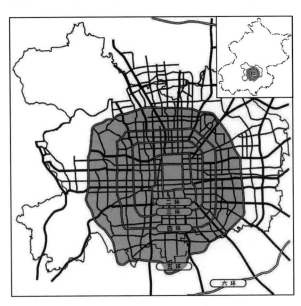

图9-2 研究范围（灰色区域）

京的城市景观呈现出传统与现代、小尺度与大尺度的高度糅合。此外，21世纪以来的快速扩张过程还导致北京的城市边缘地区形成了与市中心完全不同的混杂形态。因此，高度多样化的城市空间环境使北京成为了本项研究的典型案例。北京五环内范围面积约670平方千米，人口约1054万，涵盖了大部分的城市建成区[39]。

本研究以百度街景图像为数据源，于2016年2月通过百度街景API下载，取样方式为沿城市所有街道每200米取一幅，共计约36万幅（800像素×500像素）。需要指出的是，当前大部分基于街景图像的研究都采用面向街道取景的图像，而本研究更关注建筑，因而采用了面向建筑物取景的图像（图9-3）。但当取景位置位于街道转角或路口时，则图像仍会呈现出类似于面向街道取景的内容，这类情况占比约30%。因此，笔者将首先训练一个机器学习模型，用于去除内容不合格的图像。

图9-3 面向街道取景（左图）和面向建筑物取景（右图）

整个研究方法流程包含三步，共建立了三个机器学习模型（图9-4）。

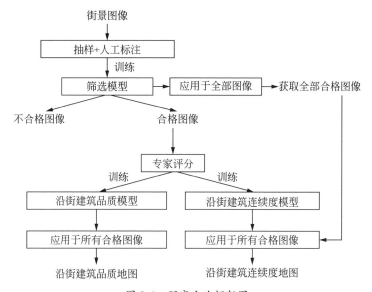

图9-4 研究方法框架图

首先，从所有图像中随机抽取 3500 幅，并手动将之分类为"合格图像"（共 2575 幅）和"不合格图像"（共 925 幅）。这些图像被用于训练筛选模型，以决定一幅图像是否适用于城市空间品质评价。其次，对合格图像进行"沿街建筑品质"和"沿街建筑连续度"的专家评分，并训练模拟相应的机器学习模型。最后，这三个模型被应用于所有图像，获得覆盖整个研究范围的品质评分。

9.3.3 专家评分标准制定

专家评分经常被应用于涉及城市空间品质评估的研究中[17-18]。尽管专家评分包含一定程度的主观成分，但其结果的可靠性通常被认为是可接受的，甚至是较高的[17]。理想情况下，评分专家应由领域内具有相当经验的人士担任。但考虑到本项研究涉及的数据量（每位专家都需评定数百幅图像），本研究招募了 8 名研究生来完成此项工作。此外，为保证评分的一致性，本研究制定了一套评分标准（表 9-1、表 9-2、图 9-5）。

表 9-1　沿街建筑品质的评分标准

评分	标准
4 分	采用高品质的、质感良好的材料建造； 体现出较高的施工精度和技艺，如构件、材料部件之间衔接良好，没有粗糙的缝隙； 维护良好，没有明显的裂纹、破损、腐蚀、污渍或杂乱的附属物，如生锈的窗户护栏、悬垂的电线等
3 分	采用品质较低的材料建造； 没有体现出较高的施工精度和技艺，如构件、材料部件的衔接处有粗糙的缝隙； 外立面上可能存在明显的裂纹、破损、腐蚀、污渍或杂乱的附属物，但总体而言较为整洁有序
2 分	采用劣质材料建造； 施工工艺水平较低； 外立面上存在大量裂纹、破损、腐蚀、污渍或杂乱的附属物
1 分	采用劣质材料建造，在很多情况下是裸露的水泥或彩钢板①； 施工工艺水平较低，在很多情况下并非由专业人员建造且完成度较低； 缺乏维护，存在大量裂纹、破损、腐蚀、污渍或杂乱的附属物

---

① 并非这两种材料本身劣质，而是它们经常在北京的劣质建筑中被使用。

表9-2 沿街建筑连续度的评分标准

评分	标准
连续	沿街建筑在图像可见范围内是连续的,在人眼高度上没有中断、遮挡或明显的退后
不连续	相邻建筑之间有明显间隙; 某栋较宽的建筑有明显的退后; 在街道与建筑之间有阻断视线的围墙,但如果围墙本身经过精心设计并具有吸引力,则其可被视为延续

图9-5 评分标准示意图

9.3.4 机器学习模型训练

计算机视觉技术中包含多种图像特征表示方法。本研究选取并比较了三个特征表示方法:较传统的SIFT[40]和两个当前较为先进的深度卷积网络,即AlexNet[41]和GoogLeNet[42]。在2012年和2014年的ImageNet大规模视觉识别挑战赛中,AlexNet与GoogLeNet的表现最为优异,与以识别边缘、转角等低层特征为主的传统方法相比,这些深度卷积网络可识别更多高层特征。本研究抽取了AlexNet和GoogLeNet最后一个隐藏层的输出,并结合一个SVR(支持向量回归)分类器完成所需的模型构建。在三个模型中,沿街建筑品质模型被构建为打分模型,筛选模型和建筑连续度模型被构建为分类模型。

在本研究中,专家打分的标记数据集被随机分为训练集、开发集和测试集。其中,开发集和测试集须在不同得分(或类别)中抽取数量相等的样本。在模型拟合度评估方面,本研究采用$F1$值对筛选模型和沿街建筑连续度模型进行评估,采用均方误差(MSE)对沿街建筑品质模型进行评估,计算方式如下。

$$召回率 = \frac{T_P}{P}$$

$$精确率 = \frac{T_P}{T_P + F_P}$$

$$F1 = \frac{2T_P}{2T_P + F_N + F_P} = \frac{2 \times 精确率 \times 召回率}{精确率 + 召回率}$$

$$MSE = \frac{1}{n}\sum(y_i - t_i)^2$$

式中，P（正）、T_P（真正）、F_P（假正）和 F_N（假负）分别表示合格或连续的图像数量、实际为合格或连续并也被预测为合格或连续的图像数量、实际为不合格或不连续但被预测为合格或连续的图像数量以及实际为合格或连续但被预测为不合格或不连续的图像数量；y_i、t_i、n 分别表示图像的机器评分、专家评分和样本总量。最终，拟合度最高的模型将被选取并应用于研究范围内的所有图像。

9.4 评估结果

9.4.1 专家评分结果

在沿街建筑品质的专家评分中，有 485 幅图像获得 4 分（18.8%）、1079 幅图像获得 3 分（41.9%）、809 幅图像获得 2 分（31.4%）、202 幅图像获得 1 分（7.8%）。在建筑连续度的专家评分中，有 1069 幅图像中的内容被认为是"连续的"（41.5%）、1506 幅图像被认为是"不连续的"（58.5%）（表 9-3）。

表 9-3 专家评分结果

评分	比例 /%	评分	比例 /%	评分	比例 /%
筛选		沿街建筑品质		沿街建筑连续度	
合格	73.6	4 分	18.8	连续	41.5
		3 分	41.9		
不合格	26.4	2 分	31.4	不连续	58.5
		1 分	7.8		
总计	100	总计	100	总计	100

9.4.2 机器学习模型训练结果

表 9-4 显示了在筛选任务上 SIFT、AlexNet 和 GoogLeNet 三个特征

表示方法在测试集上的性能指标。可以看到，AlexNet 和 GoogLeNet 这两个深度卷积网络的表现优于传统的 SIFT 特征。GoogLeNet 的 $F1$ 分值略高于 AlexNet，表明它的召回率与精确率更加均衡。表 9-5 和表 9-6 显示了模型在两个品质评定任务上的表现。与筛选任务相似，神经网络的表现优于 SIFT 特征，在沿街建筑品质任务上，GoogLeNet 具有最优的泛化能力，在建筑连续度任务上，GoogLeNet 和 AlexNet 的表现几乎没有差异。根据以上结果，本研究选取基于 GoogLeNet 的模型进行大规模应用。

表 9-4 筛选模型训练结果

	准确度 /%	精确度 /%	召回率 /%	$F1$ 值 /%
SIFTHist + SVR	79.2	45.1	71.3	55.2
AlexNet+SVR	89.3	**48.2**	85.9	61.8
GoogLeNet + SVR	**90.0**	48.1	**86.3**	61.8

表 9-5 沿街建筑品质模型训练结果

MSE	训练集	开发集	测试集
SIFTHist + SVR	0.36	0.84	0.84
AlexNet+SVR	**0.22**	0.64	**0.62**
GoogLeNet + SVR	0.28	**0.61**	0.64

表 9-6 沿街建筑连续度模型训练结果

	准确度 /%	精确度 /%	召回率 /%	$F1$ 值 /%
SIFT+SVR	72.0	45.0	72.0	55.4
AlexNet+SVR	**75.0**	**48.0**	72.0	**57.6**
GoogLeNet+SVR	**75.0**	**48.0**	72.0	**57.6**

为了更全面地评估模型表现，本研究对测试集样本的机器评分与专家评分进行了详细比对。从图 9-6 中可以看出，在沿街建筑品质评估任务上，机器评分的分差总体略小：专家评分为 1 分的图像在机器评分中平均得分为 2.0 分，2 分的图像平均得分为 2.3 分，3 分的图像平均得分为 2.9 分，4 分的图像平均得分为 3.4 分。此外，专家评分为 1 分和 2 分的"低分"样本的机器评分分布有较多重叠；专家评分为 3 分和 4 分的"高分"样本的机器评分分布也有较多重叠，但低分样本和高分样本之间的得分重叠较少。这说明，模型在"大致"区分建筑品质方面表现较好，而在识别细微差异方面误差较多。

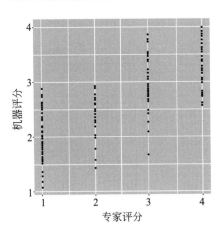
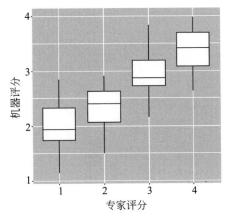

图9-6 沿街建筑品质任务机器评分与专家评分对比

在沿街建筑连续度任务上，本研究人工分析了分类错误的60幅图像（"假正"或"假负"），识别出了"假正"型错误的主要两类原因和"假负"型错误的主要三类原因（图9-7）。"假正"型错误的第一类原因是未能将围墙和建筑作出区分（12%），第二类原因是特殊的视角而未能识别出建筑之间的间隙（76%）。"假负"型错误的第一类原因是未能将较破败的建筑当作建筑看待（20%），第二类原因是树木和车辆的遮挡而未能识别出建筑（30%），第三类原因则是取景较远（如一条较宽的道路的对侧）而未能识别出连续的建筑（35%）。这些误差的产生主要是由于上述情况的标记数据不足。尽管被专家评分标记的图像总数量超过2000幅，但特定情况的样本量可能不足50幅。因此，模型性能需要通过更多标记数据予以提高。

假正型错误一：未能将围墙和建筑作出区分

假正型错误二：未能识别出建筑之间的间隙

假负型错误一：未能识别较破败的建筑

假负型错误二：由于树木和车辆的遮挡而未能识别出建筑

假负型错误三：由于取景较远而未能识别出连续的立面

图9-7 沿街建筑连续度分类的错误类型

9.4.3 北京城市空间品质地图

在获得全市街道取样点的品质得分后，本研究计算了各路段的平均分数并将之归一化至 1 ~ 4 分，最后，研究将路段分值可视化为整个研究范围内的得分地图（图 9-8、图 9-9）。这一研究结果可帮助城市规划者和管理者更全面细致地了解城市空间品质状况，并及时识别出现问题需要整治的片区，为城市更新、形象塑造等政策的制定提供决策依据。

由于两幅得分地图信息量庞大，下文对评估结果的介绍无法面面俱到，将仅对两幅地图的解读和应用方法举例说明。在阅读地图时需注意的是，虽然模型取得了良好的拟合度，但其仍然有许多误差存在，如被标以深色的路段不一定优于被标以浅色的路段。下文将从城市整体格局、主要道路和特色片区三个方面展开。

在沿街建筑品质方面，就城市整体格局而言，北部（A 区）得分高于南部（B 区），南四环至南五环之间的城市边缘地区得分较低的状况尤为明显。反查街景图像可以看到，北四环和北五环之间的大部分区域仍呈现出现代都市的面貌，但很多南四环和南五环之间的区域更类似破败的村庄而非城市。这说明在城市更新中应对南部地区给予更多重视，这将涉及从清除建筑立面污迹到立面整体提升或拆除重建等一系列措施。在主要道路方面，值得注意的是，作为古都文化遗产的南北中轴线（D 区）得分并不突出，相比之下，东西轴线（C 区）的沿街建筑品质更高。这说明中轴线沿线的建筑品质还需进一步提升。在片区层面可以识别出多个高分或低分集中的区域。例如，大部分城市主要发展区的得分高于全市平均水平，这些区域在地图上被呈现为集中的红橙色，如中央商务区（E 区）和望京商务区（F 区），说明这些发展区在空间品质营造方面较为成功。但是，某些高分片区在一定程度上与周边片区有所割裂，如 G 区（北京总部基地）作为一个近年开发的商务园区得分较高，但其西侧的得分却非常低（H 区）。城市建设中的这种失衡的问题也需要在规划与管理中得到改善。

在沿街建筑连续度方面，除了二环内的旧城片区（I 区），北京街道整体得分较低。这揭示了北京现代建设模式与历史传统风貌之间的重大差异，也提醒城市规划与管理者，对街道结构性特征的保留和复原对北京城市风格的传承具有重要意义。主要道路方面，四条环路的连续度略高于其他道路，但是，几个主要城市发展区（如 E 区、F 区）并没有呈现出较其他片区更高的连续度，这说明北京的高档办公区虽然单体建筑

彩图 9-8

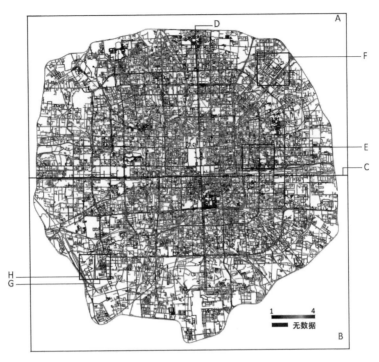

图 9-8　北京五环内沿街建筑品质得分

彩图 9-9

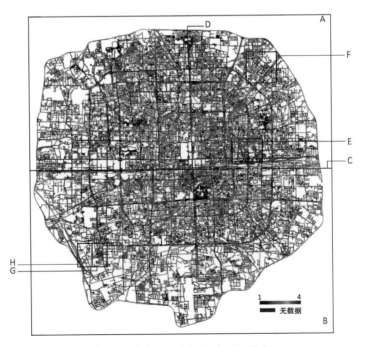

图 9-9　北京五环内沿街建筑连续度

品质较高，但街道给人的整体感受仍有待提升。

9.5 总结与政策建议

本研究的主要目的是提出并测试一种基于机器学习和街景图像的、对城市空间品质进行大规模自动评估的方法。研究选择了两个城市空间品质要素——沿街建筑品质、沿街建筑连续度作为这一尝试的出发点。这一方法可被进一步拓展，用以评估影响城市空间体验的其他品质要素，如建筑风格、建筑尺度等。通过使用深度卷积网络算法，计算机视觉模型可以取得和专家评分较为接近的结果。在沿街建筑品质任务上模型的 MSE 最低为 0.614（评分范围为 1～4 分），在建筑连续度任务上的准确度为 75%。

基于对北京城市空间品质的大规模评估结果，本研究可为北京城市空间环境的更新提供以下政策建议。

（1）在沿街建筑品质的整体格局层面，目前北京南部地区得分整体低于北部地区，需在城市更新中对南部地区给予更多重视，同时重要的南北中轴线的建筑品质得分低于东西轴线，需要进一步提升以塑造中轴线城市形象。

（2）在片区层面，本方法识别出了多个建筑品质低分集中区域，这些区域也需在城市更新中得到重点关注，通过改造这类集中低分片区可以促进北京城市空间品质的整体提升。

（3）在沿街建筑连续度方面，北京街道整体得分较低，需在城市更新中注意对街道界面连续度的塑造，以提升北京街道空间的整体感受。

本研究也存在一些局限。首先，研究所采用的专家标注的训练数据集规模有限，因此可能无法获得模型的最佳性能。其次，研究尚未对模型的识别机制进行回溯性研究，也就是未比对模型对图像内容的评判方式是否与 8.4.3 节所列的评分标准一致。最后，正如 Quercia 等在文章中提到，计算机算法是"工具而非指令"[12]，相应地，本研究中的方法所提供的是证据而非决策。在城市管理和设计的复杂问题中，并不存在简单的"一刀切"的解决办法，在模型评分中获得高分的空间并非总是最优的，例如，虽然连续的沿街建筑有助于产生围合感和吸引力，但适当的中断也可以提供多样化的感受，此外，革新性的设计和传统建筑也可能由于形象特殊而被模型评以低分。因此，将本研究的评分结果转化为适当的决策还需要借助心理学实验等认知研究。还应注意，城市空间品质的差异也受到片区居民社会经济水平的影响，不宜以"一刀切"的标准评价不同经济发展水平地区的城市空间环境，而应参照各地的具体情况对模型评分结果进行解读。将社会经济差异纳入模型也是本研究一项可能的拓展方式。

如前文所述，本研究是采用机器学习方法解读、刻画城市景观的初步尝试。这一研究思路可进行多种延伸拓展。首先，可以针对更多城市品质要素训练机器学习算法以获得城市空间品质的全面信息，如建筑材质、建筑风格、建筑尺度和细节设计、相邻建筑之间的统一性等。其次，随着街景图像的定期更新，人们可以持续、全覆盖地监测城市景观变迁，这将为城市规划与管理中的大量核心议题提供决策支持，如"城市哪些片区正在升级、哪些正在衰退"。最后，不同城市和地理区域之间的比较也是一个有趣的研究方向，这与Doersch等提出的跨地区比较在某种程度上可以与人们提出的地理文化建模（geo-cultural modelling）类似[11]。例如，本研究形成的算法可被应用于大量中国城市，并生成城市空间品质的分数排名，可以作为更侧重生活品质和市民体验的城市发展评价视角（图9-10）。

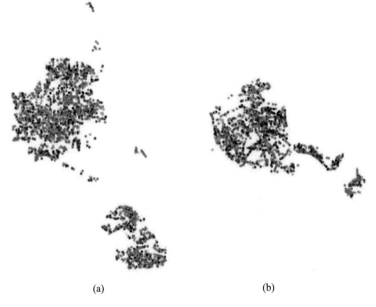

图 9-10 城市空间品质动态监测
（a）佛山；（b）福州
（注：取样点颜色越深说明该位置在近年间城市空间品质提升越明显）

参考文献

[1] DOWNS R M, STEA D. Image and environment: cognitive mapping and spatial behavior[M]. New Brunswick and London: Transaction Publishers, 1973.

[2] LYNCH K. The image of the city[M]. Cambridge, Massachusett: MIT press, 1960.

[3] HARVEY C. Measuring streetscape design for livability using spatial data and methods[D]. Burlington, Vermont: The University of Vermont and State Agricultural College, 2014.

[4] BROWNSON R C, HOEHNER C M, DAY K, et al. Measuring the built environment for physical activity: State of the science[J]. American journal of preventive medicine, 2009, 36 (4): S99–S123.e12.

[5] DUBEY A, NAIK N, PARIKH D, et al. Deep learning the city: Quantifying urban perception at a global scale[C]//The 14th European Conference on Computer Vision. 2016. Berlin and Heidelberg: Springer: 196-212.

[6] HARA K, LE V, FROEHLICH J. Combining crowdsourcing and google street view to identify street-level accessibility problems[C]//CHI Conference on Human Factors in Computing Systems. 2013. New York, NY: ACM: 631-640.

[7] HWANG J, SAMPSON R J. Divergent pathways of gentrification racial inequality and the social order of renewal in Chicago neighborhoods[J]. American sociological review, 2014, 79 (4): 726-751.

[8] KELLY C M, WILSON J S, BAKER E A, et al. Using Google Street View to audit the built environment: Inter-rater reliability results[J]. Annals of behavioral medicine, 2013, 45 Suppl 1: S108-S112.

[9] SUN Y, FAN H, BAKILLAH M, et al. Road-based travel recommendation using geo-tagged images[J]. Computers, environment and urban systems, 2015, 53: 110-122.

[10] ZHOU B, LIU L, OLIVA A, et al. Recognizing city identity via attribute analysis of geo-tagged images[C]//The 13th European Conference on Computer Vision. 2014. Springer: 519-534.

[11] DOERSCH C, SINGH S, GUPTA A, et al. What makes Paris look like Paris?[J]. ACM transactions on graphics, 2012, 31 (4).

[12] QUERCIA D, O'HARE N K, CRAMER H. Aesthetic capital: what makes London look beautiful, quiet, and happy?[C]//The 17th ACM Conference on Computer Supported Cooperative Work & Social Computing. 2014. New York: ACM: 945-955.

[13] NAIK N, PHILIPOOM J, RASKAR R, et al. Streetscore--predicting the perceived safety of one million streetscapes[C]//2014 IEEE Conference on Computer Vision and Pattern Recognition Workshops. 2014. IEEE: 793-799.

[14] ORDONEZ V, BERG T L. Learning high-level judgments of urban perception[C]//The 13th European Conference on Computer Vision. 2014. Springer: 494-510.

[15] LEE S, MAISONNEUVE N, CRANDALL D, et al. Linking past to present: discovering style in two centuries of architecture[C]//2015 IEEE International Conference on Computational Photography. 2015. IEEE: 1-10.

[16] SALESSES P, SCHECHTNER K, HIDALGO C A. The collaborative image of the city: Mapping the inequality of urban perception[J]. PLoS one, 2013, 8 (7): e68400.

[17] WOHLWILL J F. Environmental aesthetics: the environment as a source of affect[M]//ALTMAN I, WOHLWILL J F. Human behavior and environment: advances in theory and research. New York: 1976: 37-86.

[18] NASAR J L. Adult viewers' preferences in residential scenes: A study of the relationship of environmental attributes to preference[J]. Environment and behavior, 1983, 15 (5): 589-614.

[19] MOUGHTIN C. Urban design: Street and square[M]. London: Routledge, 2003.

[20] STAMPS A E. Psychology and the aesthetics of the built environment[M]. New York: Springer Science & Business Media, 2000.

[21] EWING R, HANDY S. Measuring the unmeasurable: Urban design qualities related to walkability[J]. Journal of urban design, 2009, 14 (1): 65-84.

[22] MADHAVAN B B, WANG C, TANAHASHI H, et al. A computer vision based approach for 3D building modelling of airborne laser scanner DSM data[J]. Computers, environment and urban systems, 2006, 30 (1): 54-77.

[23] XU Z, TAO D, ZHANG Y, et al. Architectural style classification using multinomial latent logistic regression[C]//The 13th European Conference on Computer Vision. 2014. Springer: 600-615.

[24] GOEL A, JUNEJA M, JAWAHAR C. Are buildings only instances?: Exploration in architectural style categories[C]//The 8th Indian Conference on Vision, Graphics and Image Processing. 2012. New York: ACM: Article No. 1.

[25] SHALUNTS G, HAXHIMUSA Y, SABLATNIG R. Architectural style classification of domes[C]//The 8th International Symposium on Visual Computing. 2012. Berlin and Heidelberg: Springer: 420-429.

[26] SHALUNTS G, HAXHIMUSA Y, SABLATNIG R. Architectural style classification of building facade windows[C]//The 9th International Symposium on Visual Computing. 2011. Berlin and Heidelberg: Springer: 280-9.

[27] PORZI L, ROTA BULO S, LEPRI B, et al. Predicting and understanding urban perception with convolutional neural networks[C]//The 23rd Annual ACM Conference on Multimedia Conference. 2015. New York, NY: ACM: 139-148.

[28] SANTAYANA G. The sense of beauty: Being the outline of aesthetic theory[M]. New York: Dover Publications, 1955.

[29] VOORDT T, WEGEN H B. Architecture in use: An introduction to the programming, design and evaluation of buildings[M]. London: Routledge, 2005.

[30] SAID S Y, ZUBIR S S S, RAHMAT M N. Measuring physical changes in an urban regeneration scheme[J]. WIT transactions on ecology and the environment, 2014, 191: 1165-1174.

[31] EWING R, CLEMENTE O. Measuring urban design: Metrics for livable places[M]. Washington, D.C.: Island Press, 2013.

[32] LYON N B. Yonghe street revitalization project[R]. 1978.

[33] LANG J. Urban design: The American experience[M]. New Jersey: John Wiley & Sons, 1994.

[34] CULLEN G. The concise townscape[M]. London: Architectural Press, 1961.

[35] MARCUS C C, FRANCIS C. People places: design guidlines for urban open space[M]. New Jersey: John Wiley & Sons, 1997.

[36] BAIN L, GRAY B, RODGERS D. Living streets: Strategies for crafting public space[M]. New Jersey: John Wiley & Sons, 2012.

[37] KOSTOF S. The city assembled: The elements of urban form through history[M]. London: Thames and Hudson, 1999.

[38] American Planning Association. Planning and urban design standards[M]. New Jersey: John Wiley & Sons, 2006.

[39] 北京市统计局, 国家统计局北京调查总队. 2014年北京市人口发展变化情况及特点[R]. 2015.

[40] LOWE D G. Object recognition from local scale-invariant features[C]//The 7th IEEE International Conference on Computer Vision. 1999. IEEE: 1150-1157.

[41] KRIZHEVSKY A, SUTSKEVER I, HINTON G E. ImageNet classification with deep convolutional neural networks[C]//Neural Information Processing Systems 2012. NIPS: 1097-1105.

[42] SZEGEDY C, LIU W, JIA Y, et al. Going deeper with convolutions[C]//2015 IEEE Conference on Computer Vision and Pattern Recognition. 2015. IEEE: 1-9.

第 10 章 城市、机器与人：人本的城市智能

在撰写本书之时，有关智能化城市管理的研究与实践在全世界已层出不穷。2017 年，谷歌的姊妹公司人行道实验室（Sidewalk Labs）提出了多伦多码头区（Quayside）建设计划（图 10-1）[1]，在这项计划中，在原先的荒地将建起一座乌托邦式的高度智能化城市新区，新区将布满传感器网络，随时监测噪声、交通、污染等各种城市问题，并且收集大量数据以让人更好地理解并改善城市管理[1]。虽然这项计划已半途而废，但此前其实施过程中所受到的关注大幅拓展了智能化城市管理理念的影响。同一时间，国内各类科技企业纷纷推出"城市大脑"，以智能技术介入城市治理，并与地方政府合作以寻求项目落地。此外，网络约车等智能化服务在出现几年间已深植城市生活……虽然大部分相关技术的开发和应用还处于初级阶段，但在当前人类的第一个"城市世纪"，城市问题的重要性和复杂性已吸引了来自人类社会各个领域的顶尖人才进行前沿创新。

图 10-1 人行道实验室多伦多码头区规划中无处不在的城市感知意象

（来源：参考文献 [1]）

按照当前的城市化速度，在一代人的时间内，人类就将基本完成城市化聚集过程，也基本建设完成日后若干代人所居住的城市体系[2]。这意味着政府对城市的治理也将从侧重对增量土地的开发和利用向侧重对存量空间品质提升的精细化管理转变。在这样的背景下，科技的加速发展自然地让人们对影响全世界一半以上人口的城市之未来产生无限畅想。

事实上，科技进步引发的乐观情绪与造城雄心在城市发展历史上并不鲜见。19世纪后期的第二次工业革命带来了新的建造技术、交通工具和生产生活模式，以及"现代主义"的思考方式——坚信人们有能力在科学地认识世界的基础上改善自身生存质量，通过科学和推理促进社会的进步[3]。城市建设与管理理念随之改变——现代主义的旗手勒·柯布西耶写道，"工业给我们带来了适合于这个被新精神激励着的新时代的新工具"[4]。现代主义建筑与城市设计开始崇尚如机械设计一般逻辑清晰的机器美学，出现了马赛公寓①等试图以物质空间设计塑造理想城市社会的建筑项目（图10-2）。在城市建设与管理领域，同样追求机器般清晰、高效的"光辉城市"建设理念也应运而生——"光辉城市"试图通过土地功能、交通、建筑形式的组织摆脱20世纪初现代城市所有的混乱、拥挤、肮脏、无序、低效，以最高效、合理的方式安排城市生活的方方面面，并为市民提供最大程度的健康环境和精神自由[5]（图10-3）。

众所周知，"光辉城市"的理想并未能如倡导者所愿在全世界落地生花，与之具有一定相通之处的"物质空间决定论"或"环境决定论"以及"二战"后规划师和城市管理者的"技术至上"倾向②也由于实践中出现的种种问题而遭到了来自社会学家等的强烈批判[3]。批判的核心在于这类城市治理思想将社会和公众视为机器元件般无差异的群体，这与现实状况完全不符——社会公众由各种不同的群体构成，不同群体持有不同甚至相互冲突的利益、文化和思想倾向。

---

① 马赛公寓在1952年建成于法国马赛市郊，是现代主义建筑大师勒·柯布西耶的代表作之一。它是一座大型集合住宅大楼，其包含337套住宅，提供了23种适应不同家庭需要的户型，大楼底层架空，7、8层是商店和各类公共服务设施，屋顶花园设置了幼儿园和各类活动场地，使居民的基本需求均可在大楼内得到满足。

② "技术至上"倾向体现为规划师和管理者认为他们关于宜居环境的专业判断是无须争议的，如英国城乡规划大臣刘易斯·西尔金曾表示："我认为对市民的引导和指导是非常必要的，市民并不总是真正了解什么是最好。"[3]

图 10-2 马赛公寓
（来源：维基百科）

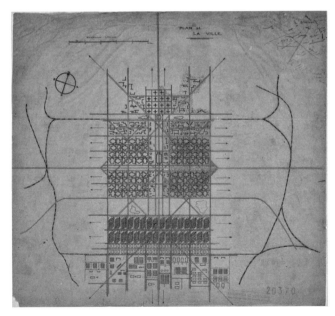

图 10-3 "光辉城市"的建设构想
（来源：柯布西耶基金会网站）

但这些挫折并没有打消人们以科学方法改善城市生活的期望。20世纪60年代，"系统论"和"科学控制论"的思想被引入城市管理领域[6-7]，城市管理工作被视为系统控制的一种形式，构建系统模拟模型成为人们以科学方法优化城市的新发力点。然而正如第4章所提到，由于"人"行为的不确定性等难点，以道格拉斯·李的《大尺度模型的安魂曲》为标志，城市模型的研究与应用高潮不久衰落[8]。在20世纪70年代之后，西方城市治理开始愈加强调基于政治过程的价值判断，出现了选择理论[9]、参与式规划[10]、行动规划[11]等理论模型，时人更加关注不同群体间的利益平衡与沟通协商过程。

虽然机器主义、理性主义的城市治理模式在现实中的困境丝毫不能减弱相关思想的光芒，但20世纪的城市发展历史总是不断提醒人们，不对"人"的因素予以充分考虑的城市管理方法往往难以达到预期效果。事实上，处理科技与人本的关系已成为现代社会发展过程中的一大主题。当前由物联网、人工智能等技术驱动的一系列产业创新和变革被称为"第四次工业革命"[12]，如本书之前所呈现的，此次工业革命如此前的历次工业革命一样，对城市这一人类生存的主要空间载体产生了影响，并再次激发了人们对以科技手段改善城市生活的信心。与20世纪上半叶的情形不同，"公众参与""以人为本"等理念已深入大部分地区的城市治理体系，并被作为几乎所有智能化城市规划与管理计划的必备章节。但需要注意的是，新技术环境正在对"人本"的实现不断提出新的挑战，不断引发新的问题。

10.1 量化与不可量化

"智能化"在大多数情况下意味着借助机器处理信息，而机器往往需要以量化数据作为输入。然而，城市系统内并非全部现象、过程都可量化，某些现象、过程即使被刻意量化，其数字指标也不足为据——如社会学家威廉·布鲁斯·卡梅伦的名言："Not everything that can be counted counts, and not everything that counts can be counted"[13]。虽然如第3章所阐释的那样，以大数据为代表的新型多源数据使对城市系统的广泛感知成为可能，大幅提高了城市管理者对工作对象的认知水平，但城市生活的很多方面在当前的技术条件和合理的伦理范围内仍难以被感知，且往往越是本质性的深层信息越难以被感知。例如，人的实际工作时间可反映一座城市的生存压力、生活品质以及经济态势，但在现代技术条件和生产模式下对人们的工作时间进行判断并非易事，大量工作都可能在非日常工作场所进行，家、餐厅、咖啡厅、交通工具都可能成为办公地点，因此基于位置信息进行的判断就可能含有大量误差。再如，公众健康也是城市管理应关注的重要方面，虽然医院的诊疗数据可作为一定参考，但广泛、高频的血压、血脂等日常体征数据难以获得，也涉及巨大的隐私问题。除此之外，如满意度、幸福感等某些感性问题则几乎无法直接通过现有数据源进行量化评价①。对此，《智慧城市：大数据、公民黑客和对新乌托邦的追寻》的作者安东尼·唐森写道："随着计算机承担了越来越多的观察城市的工作，我们应当付出加倍的努力去观察城市生活中那些无形的、永远无法被计算机测量的方面。如果没有这种更全面的观察城市的视角，我们就无法识别问题并设计合适的解决方法……"[16]

10.2　数据的偏差与不平等

第 3 章所提到的数据有偏性问题如果不被充分评估，则可能在政策制定中引入不平等因素。从 21 世纪初发展至今，大数据已从技术领域走入了全社会各行各业，被包括城市管理在内的大量传统行业所广泛接受并应用于各类场景。然而，随着对大数据的使用逐渐从试验性操作被转变为惯常做法，人们对获取和应用大数据分析结果会感到越加习以为常，因此可能弱化对数据质量和内涵的审视。如第 3 章所提到的那样，数据有偏性在很大程度上来自于不同群体在手机、互联网等新科技产品使用能力和意愿方面的差异，其导致了数据在人群代表性方面的偏差。但产生数据有偏性的情形有时可能更为隐晦，从而不易被识别。例如，美国和加拿大的 311 市政服务电话几乎是最简单、普及的城市智能服务，但纽约和温哥华的数据显示，非英语人口使用这项服务的比例明显偏低。长此以往，根据 311 投诉做出的公共资源分配就可能倾向于侧重满足英语人口的需求，而非英语人口却往往是美、加社会中更为弱势、需要公共资源支持的群体，这就进一步加剧了社会群体间的不平等[16]。再如，出租车现已被作为收集道路交通信息的浮动车，由出租车车载 GPS 传回的信息可以分析得到整个城市的交通动态，并被作为交通规划管理决策的依据。但这一数据也并非匀质分布，而是受到出租车接客、落客地点的影响，且这又取决于出租车顾客群体（大多为中高收入

---

① 也有研究尝试通过社交媒体文字内容对幸福感进行量化感知，但不难想象，社交媒体上的情绪表达与真实生活中产生的复杂情感仍存在一定差距[14-15]。

人群）在城市中的活动范围。因此，参照出租车 GPS 数据进行的交通规划管理也存在对低收入人群居住、工作、活动区域考虑不足的潜在风险。

10.3 技术与价值观

不同社会群体之间的价值表达与利益取舍仍需要通过协商进行，这是社会可持续性发展进步的重要组成部分，也是在可预期的将来计算机算法所无法替代的。更需注意的是，算法与技术看似中立，实则在设立初期就已经包含了一定的价值观，因此也不是完全中立客观的。一个典型例子是无人驾驶汽车的伦理困境，如果事故不可避免，那么机器只能在使车内人员受到伤害和使行人受到伤害，或是在撞击十个行人和撞击一个行人之间进行选择，此时程序应如何设置[17]？价值观的表达在城市模型的构造中同样存在，城市模型中的很多参数都具有价值观内涵，如为各类模拟主体（agents，也即市民群体）设定的不同价值函数、为各个区域赋予的不同发展权重等，这些参数经过复杂的打包被深深嵌入政策模型内部。事实上，除了交通信号灯控制等极少数应用领域，几乎所有城市管理的技术方法都多多少少涉及价值观判定（即使是交通信号灯控制，其算法优化原则也涉及价值判断，如是以总通行时间最短为目标，或是给某一方向的通行以更多优先权）。

另外，技术发展也在促进公众参与、协商沟通方面具有正面作用。具体而言，大量新型多源数据的开放和新技术带来的便利提高了公众的知情能力和对公共事务的参与能力[18]。例如，在我国治理 $PM_{2.5}$ 污染的过程中，公开的污染监测数据①极大地促进了公众对污染问题的有效讨论和舆论监督。另外，虚拟现实技术正在被越来越多地应用于城市建设方案的展示与公众的参与[19]。以往城市建设项目的公示主要以图纸形式呈现，虽然提供了让公众知情的必要信息，但对非专业的公众而言，仅通过阅读图纸可能不足以充分理解一个建设项目对城市空间的影响。通过虚拟现实技术，公众可以沉浸式地体验项目建成后的效果，由此提高自身的知情能力。例如，英国伦敦在其近期的"伦敦大道"项目中采用了虚拟现实技术进行建设项目展示（图 10-4），这个项目计划打通伦敦核心地带的老街（Old Street）和牛津街（Oxford Street）之间的骑行路线，

---

① 我国从 2012 年年底开始公布污染物浓度实时数据，2012 年 12 月 28 日起，全国 74 个城市 496 个站点实时发布污染物监测数据，可参见 Datacenter 网站。

虚拟现实技术展示了道路改造后的效果，大大增加了公众对该项目的认知[20]。

图 10-4 "伦敦大道"项目虚拟现实场景的静态截图
（来源：参考文献 [20]）

10.4 优化与克制

虽然新的数据和技术给予了城市管理者前所未有的控制优化城市运行的工具，但如果深究的话，城市系统并非所有部分都可优化，也并非所有部分都需要优化。例如，许多城市边缘地带虽然表面脏乱，但却为大量初入城市的农村劳动力提供了初步的落脚之地、工作机会和社会网络，不应被简单视为城市的弊病[21]。事实上，城市系统是"自上而下"的他组织与"自下而上"的自组织共同作用的结果，其中正式性与非正式性共存。城市管理者需要接受城市作为复杂系统所具有的、一定程度的混沌特点，而不能试图追求以单一理性目标为绝对最优解。

正如有学者指出："如果没有做到以人为核心，就会面临重复那些20世纪失败设计的风险……不管我们将各种智能城市系统称为城市操作系统或是产业网络，真正伟大的成就正在从全球50多万个'市民实验室'中产生。"[16]

城市最终是人的居所而非技术的舞台，城市中的千万居民是城市生活的最终实践者和城市空间的最终塑造者，无论被注入怎样的智能技术，只有尊重并理解人的多样性、复杂性、能动性的城市管理系统才能获得成功。

参考文献

[1] Sidewalk Labs. Vision section of RFP submission[R]. 2017.
[2] FULLER B, ROMER P. Success and the city: How charter cities could transform the developing world[M]. Ottawa, Canada: Macdonald-Laurier Institute for Public Policy, 2012.
[3] 尼格尔·泰勒. 1945年后西方城市规划理论的流变 [M]. 北京：中国建筑工业出版，2006.
[4] CORBUSIER L. Towards a new architecture[M]. Courier Corporation, 1931.
[5] CORBUSIER L. The radiant city: Elements of a doctrine of urbanism to be used as the basis of our machine-age civilization[M]. New York: Orion Press, 1967.
[6] CHADWICK G F. A systems view of planning[J]. Journal of the town planning institute, 1966, 52: 184-186.
[7] FORRESTER J W. Urban dynamics[M]. Cambridge, Massachusetts: MIT Press, 1969.
[8] LEE JR D B. Requiem for large-scale models[J]. Journal of the American institute of planners, 1973, 39 (3): 163-178.
[9] DAVIDOFF P, REINER T A. A choice theory of planning[J]. Journal of the American institute of planners, 1962, 28 (2): 103-115.
[10] GYFORD J. Local politics in Britain[M]. London: Croom Helm, 1976.
[11] FRIEDMANN J. Notes on societal action[J]. Journal of the American institute of planners, 1969, 35 (5): 311-318.
[12] SCHWAB K. The fourth industrial revolution[M]. New York: Crown Business, 2017.
[13] CAMERON W B. Informal sociology: A casual introduction to sociological thinking[M]. New York: Random House, 1963.
[14] DODDS P S, HARRIS K D, KLOUMANN I M, et al. Temporal patterns of happiness and information in a global social network: Hedonometrics and Twitter[J]. PloS one, 2011, 6 (12): e26752.
[15] MITCHELL L, FRANK M R, HARRIS K D, et al. The geography of happiness: Connecting twitter sentiment and expression, demographics, and objective characteristics of place[J]. PloS one, 2013, 8 (5): e64417.
[16] TOWNSEND A M. Smart cities: big data, civic hackers, and the quest for a new utopia[M]. New York and London: WW Norton, 2013.
[17] MIT Technology Review. Why self-driving cars must be programmed to kill[EB/OL]. (2015-10-22)[2018-04-01]. https://www.technologyreview.com/s/542626/why-self-driving-cars-must-be-programmed-to-kill/.
[18] GRAY J. Five ways open data can boost democracy around the world[EB/OL]. (2015-02-20) [2018-04-01]. https://www.theguardian.com/public-leaders-network/2015/feb/20/open-data-day-fairer-taxes.
[19] HOWARD T L, GABORIT N. Using virtual environment technology to improve public participation in urban planning process[J]. Journal of urban planning and development, 2007, 133 (4): 233-241.
[20] LAKER L. London boulevard: Could 1.9 mile "scar across London" become a capital cycling icon?[EB/OL]. (2017-05-16)[2022-03-01]. https://road.cc/content/news/222492-london-boulevard-could-19-mile-scar-across-london-become-capital-cycling-icon.
[21] SAUNDERS D. Arrival city: How the largest migration in history is reshaping our world[M]. London: Random House, 2011.